세상에서 가장 슬픈
청소년의 자살 실태
이야기

세상에서 가장 슬픈 청소년의 자살 실태 이야기

발행일   2020년 3월 20일

지은이   유규진
펴낸이   손형국
펴낸곳   (주)북랩
편집인   선일영   **편집**   강대건, 최예은, 최승헌, 김경무, 이예지
디자인   이현수, 김민하, 한수희, 김윤주, 허지혜   **제작**   박기성, 황동현, 구성우, 장홍석
마케팅   김회란, 박진관, 조하라, 장은별
출판등록   2004. 12. 1(제2012-000051호)
주소   서울특별시 금천구 가산디지털 1로 168, 우림라이온스밸리 B동 B113~114호, C동 B101호
홈페이지   www.book.co.kr
전화번호   (02)2026-5777   **팩스**   (02)2026-5747

ISBN   979-11-6539-140-9 03330 (종이책)   979-11-6539-141-6 05330 (전자책)

이 도서의 국립중앙도서관 출판예정도서목록(CIP)은 서지정보유통지원시스템 홈페이지(http://seoji.nl.go.kr)와
국가자료공동목록시스템(http://www.nl.go.kr/kolisnet)에서 이용하실 수 있습니다.
(CIP제어번호: CIP2020011995)

세상에서 가장 슬픈
청소년의 자살 실태
이야기

글 유규진

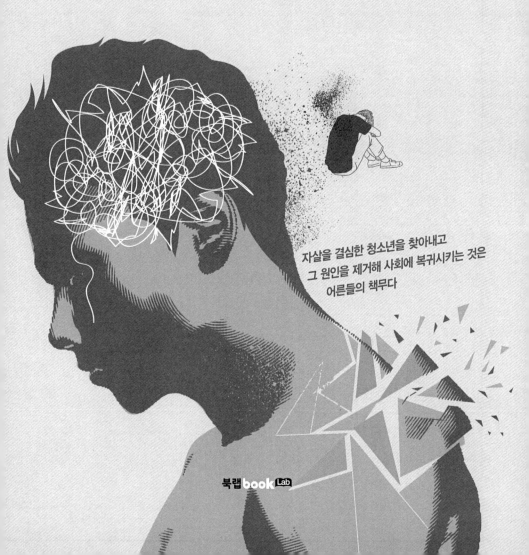

자살을 결심한 청소년을 찾아내고
그 원인을 제거해 사회에 복귀시키는 것은
어른들의 책무다

북랩 book Lab

자살은 …

　　혼자서 떠나야만 하는 길이고,

　　자살하겠다는 결심을 하기까지 얼마나 고민을 했을 것이며,

　　그 고통은 얼마나 컸을지를 생각하면 마음이 아프다

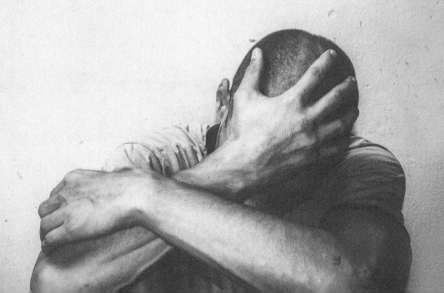

이 책에서는 실제 사례를 제시하고 있으며 2018년 2월부터 2020년 2월까지 감시한 자료이다. 이 밖에도 더 많은 사례가 있지만, 어디까지나 '청소년의 자살 문제'를 다루기 위한 것이므로 실무적인 관점에서 자살 예방을 위해 무엇이 필요한지에 대해서만 적었다.

현실에서 벗어나고 싶을 때 죽고 싶다는 생각을 한다. 이것을 글로 표현하면 죽음을 암시한 글이다. "오늘 죽는다.", "지금 결행한다.", "약을 한 번에 먹는다." 등 다양한 암시 글에서는 정말 죽을 사람과 그러하지 않은 사람으로 나뉜다. 자살률 줄이려면 죽을 사람만 선별해서 찾아내야 한다.

저자는 자살 암시 글을 찾아서 그들이 떠날 준비는 된 것인지, 죽으려는 마음은 확고한지, 장난은 아닌지 등 그들이 죽음을 준비한 여러 흔적을 찾아낸다. 그리고 구조에 필요한 특정 정보를 확보해서 경찰에 신고한다.

SNS에서는 익명성이 보장된다. 게다가 계정에 가입할 당시 개인정보를 잘못 기재하거나, 이미 탈퇴한 계정일 수도 있어서 계정 자체만으로 대상자를 찾는 것을 기대하기는 어렵다. 그 결과 신고 이후에 숨지기도 하고, 대상자의 생사를 확인하지 못하는 경우가 많다. 그래서 신고 전후에 그들의 특정 정보를 확보하는데 주력한다.

자살 예방은 두 가지로 분류한다. 상담을 요청했을 때 사전에 예방하거나, 죽음을 선택하려는 사람을 찾아서 예방하는 것이다. 저자의 활동은 후자이다. 상담을 포기한 사람들이 죽으려고 할 때 구조하고, 그가 구조 이후 가족과 주위 사람으로부터 도움을 받아 다시 살 수 있는 기회를 얻게 하기 위함이다.

감시대상은 성인과 청소년 모두 포함된다. 성인은 죽을 도구를 준비하는 등 계획에 따라 움직이기 때문에 적기에 신고할 수 있는데, **청소년은 순간적인 심경의 변화에 따라 행동하는 경우가 많고, 계획이 있을 경우 계획대로 움직이기는 하나 특별한 도구 없이 죽음을 맞이하고 있어 자살 위험도가 높을 때 신고를 한다.** 그러나 경찰에서 청소년의 신병을 확보하면 해당 청소년은 "아이디를 도용당했다.", "장난으로 글을 적었다.", "그냥 호기심으로 적어보았다.", "답답해서 적었다."고 말을 하고, 그의 부모는 신고인을 탓하면서 "우리 아이가 그런 것이 아니라는데 왜 경찰까지 와서 그러냐?"라고 말하면서 불만을 표시한다. 그래서 청소년의 자살을 신고할 때는 아래와 같은 내용을 알아내면서 신고 시점을 파악한다.

1) 글을 적은 사람과 신고 대상자가 일치하는 지 여부
2) 자살 동기의 구체적인 이유가 무엇인지
3) 계획 중인내용과 수단은 무엇인지
4) 죽음을 준비한 것은 무엇인지
5) 결행 일자를 그 일자로 정한 이유는(장애 발생 원인)
6) 그의 가족관계와 부모의 직업 등 대상자의 일치 여부를 추정할만한 단서
7) 결행 장소

지금은 청소년의 자살을 신고할 때 더 이상 그들의 이의가 통하지 않도록 하고 있다. 처음에는 죽음을 선택하려는 사람을 신고할 때 신고인에게 욕하는 사람, 항의하는 사람, 신고 후 혼선 문제 등으로 많은 고충과 시련이 있었다. 그런데 성인 기준 천 명 이상, 청소년은 약 수백 명 이상을 신고하고 구조하고 나자 나름 익숙해졌다.

구하고자 노력했으나 세상을 떠난 사람도 있고, 자살자를 살리는 과정에서 다른 청소년이 상처를 받기도 한다. 게다가 회사 일을 하면서 자살을 예방까지 진행하다 보니 지쳐 스러질 때가 있다. 술을 마시는 횟수는 늘어나고, 구조 대상자가 숨졌다는 소식이 들리면 속이 답답해 병원 응급실에 실려 가고, 경찰과 구급대원에게 힘든 사람 살려달라며 문자메시지를 보내 하소연하고, 고인의 넋을 기리기 위해서 혼자서 묵상할 때도 많다.

이러한 고충과 경험으로 만든 책이기에 값어치는 그 무엇도 비교할 수 없을 만큼 클 것이라고 생각한다.

본 책을 통해서 부모는 자녀 관리에 신경 써주시고, 학교 관계자는 학생들이 자살하는 이유를 구체적으로 파악해 예방 교육에 일조해 주시고, 경찰은 사후 관리에 힘써주시기를 바란다. 청소년들의 자살을 방지하려면 무엇이 필요한지에 대한 생각을 담은 이 책을 통해 아이들의 소중한 생명을 지켜주기를 바라는 마음이다.

저자가 쓴 내용은 모두 저자의 경험을 기반으로 쓴 것으로, 저자가 자살 예방 분야의 전문가가 아니기에 글 속에 실수가 있을 수 있고, 해당 분야에 대한 이해가 부족할 수도 있다. 그런 부분은 너그러운 마음으로 이해해주시고, 만약 잘못을 바로잡아주신다면 겸허하게 받아들일 것이다.

끝으로 이 책을 집필하는데 도움을 준 북랩 출판사 사장님께 감사드리며, 저자 역시 자살 유가족 중 한 사람으로서 대상자를 신속히 구조하고 사후 관리에 힘써주신 모든 경찰 관계자와 출간하라고 용기를 주신 분들과 이 책을 감수해주신 남궁낙배 님께 감사를 드린다.

마지막으로 하늘에 있는 큰누나와 이미 세상을 떠난 사람들에게 이 책을 바친다.

2020년 3월, 법률사무소 사무직원 겸
SNS 자살 예방 감시단 단장 유규진

차례

I. 들어가기 전에

II. 자살사이트의 모습

VII. 자살 예방을 위한 방법

VIII. 기타

I.
들어가기 전에

1.
자살의 징후

자살은 징후의 원인으로(성격, 환경, 경제, 건강, 각자의 스트레스) 인해 죽음을 생각하면서('죽고 싶다.', '나도 죽으면…' 등 죽음을 알아감) 마음을 정리하고(확고하게 죽음을 결심함) 생을 마감한다.

 # 자살 징후

사람은 어떠한 문제가 생기면서 죽음을 생각한다.
죽음에는 1) 당장 현실을 극복할 수 없어서 하는 것과 2) 징후가 세월에 따라 누적되면서 더 이상 버틸 수 없어서 결행하는 것이 있다.

1)은 현재의 시점에 원인이 있고(예: 내일이면 감당하기 어려운 일이 닥치기에 삶을 포기하는데, 자살 장소는 평소에 이동하는 범위 가운데 있다), 2)는 과거에서부터 현재에 이르기까지 원인이 존재한다(예: 우울증에 시달리다가 결국 죽음을 선택하고, 죽을 장소를 미리 정한다).
이러한 원인으로 죽음을 생각하는데, 이것은 단순한 생각에 그치지 않고 죽음에 몰입하면서 이것 말고는 다른 방법이 없을 것이라 생각하면서 계획한 대로 생을 마감한다.

죽을 마음이 확고한 사람에게 "죽지 마라."라고 말하는 것은 큰 의미가 없는데, 이것은 징후의 원인이 해결되지 않아서이다. 자살할 사람은 더 이상 나를 도와줄 사람이 없다고 생각한다.

경제적인 이유로 죽으려는 사람은 돈이 있으면 살 수 있고, 우울증은 가족과 주변 사람들의 돌봄이 중요하다. 하지만 무엇보다도 중요한 것은, 본인이 극복하기 위한 노력을 해야 한다는 것이다.

자살은 성공할 때까지 거듭 시도하므로, 그를 제때 살리지 못하면 늦고, 이미 한 번 자살을 시도한 사람은 죽음의 희열을 느끼면서 재차 시도한다. "이번에는 꼭 성공해 볼게요. 응원해주세요."라는 글은 이번에 한 번 더 용기를 내서 결행을 한다는 것이고, 그 이후에 느낀 희열을 글로 적으며 서서히 죽음에 다가선다.

희열을 느끼는 구체적인 사례

최근에(2020년 2월경에) 자살 암시 글이 발견되었다. 그는 15일 안에 죽음을 맞이하려고 디데이를 설정했다. 그 날짜는 '9일 전', '8일 전'처럼 점차 줄어들었다. 그러다가 하나의 글이 올라왔다.

"이제 목만 넣으면 되는데 내가 죽으면 여기에 소식이 적힐 거예요."

이 글은 뒤늦게 확인했는데 또 다른 글이 새벽에 올라왔다.

"살아서 왔어요. 목도 치료 다 하고 왔어요. 부모님에게 걸려서 다 뺏겼어요."

그리고 며칠 지나서 글을 다시 남겼다.

"목에 줄 감고 자살 시도한 것이 기억이 남네. 살려줘요."

해당 청소년은 자살 디데이를 두 번 설정했다. 처음에는 결의 의지가 확고해서 신고했는데 특정 정보 확보에 실패했고, 두 번째는 그가 올린 사진 중에서 일부 특정할 만한 단서를 찾아서 감시하고 있었다.
이렇듯 자살을 시도하다 실패한 사람은 당시의 기억을 되새긴다.

두 가지 유형

자살자에는 두 가지 유형이 있다.
1) 자살을 시도했던 사람.
2) 자살을 시도하기 직전에 그만둔 사람.

1)은 죽을 마음이 확고해서 실행을 한 것이므로 시도를 거듭한다. 그런데 시도하기 직전에 그만둔 사람은 다시 실행할 때까지 생각에 생각을 거듭하다가 중도에 포기하는 경향이 있다.

2.
자살자의 분류

자살자는 '외부에 암시를 주는지', '외부에 암시를 주지 않는지'에 따라 분류할 수 있다. 가족 및 친구 등 주변 사람들에게 죽기 직전에 암시(자살 예방센터를 통한 상담, 대교에 설치한 생명의 전화를 통한 상담, 사람이 보이는 장소에서 결행하기 직전의 모습을 보이거나 자신의 개인정보를 관리자가 알 수 있는 사이트에서 죽음을 암시하는 글을 올리는 것)를 보낸 사람은 "살고 싶으니 도와달라."고 외치고 있는 것이다. 스스로는 말하지 못할 사정이 있으니 관련자가 대신 전달해달라는 메시지이다.

반면에 비밀리에 죽으려고 하는 사람(혼자만의 죽음을 계획하는 사람)은 죽을 수 있게 놔두라고 말하고 있는 것이다. 이런 사람은 SNS에 자신의 정보를 공개하지 않고, 다른 사람과 대화할 때도 익명을 유지한다.

특히 구조 후 격하게 반응하는 사람은 비밀리에 죽으려고 한 사람이다.

격하게 반응하는 이유

확실히 죽을 사람이 아닌데 신고하면 큰 반응을 보이지 않는다. 그런데 확실히 죽을 사람을 신고하면 다르다. 이것은 이미 죽을 준비(주변 및 마음의 정리, 마음의 평온함을 찾기까지의 준비)를 모두 마쳤기 때문이다.

죽지 않을 사람 신고하면(죽을 마음이 확고하지 않은 사람)
* 눈물을 흘리거나 하소연을 한다.
* SNS에 추가적인 흔적이 보이지 않는다.
* 일상적인 대화를 계속 이어간다.
* 계정을 유지한다.
* 실패에 대한 아쉬움이 없다.

죽을 사람을 신고하면(죽을 마음이 확고한 사람)
* 경찰과 만나기를 피한다.
* 경찰과 만나기로 했는데 연락을 끊는다.
* 매우 침착한 행동을 보인다.
* 계정을 변경(탈퇴 등)하거나 비밀 계정을 만든다.
* 신고에 대한 격분한 심정을 글로써 표현한다.

세상에서 가장 슬픈 청소년의 자살 실태 이야기

3.
자살 소식

우리는 주위의 가족, 형제, 친구나 지인의 부고 소식을 접한다. 그 소식이 사고사, 자연사, 돌연사일 수 있다. 물론 자살도 예외일 수는 없다. 하지만 자살은 죽음을 스스로 재촉하는 것이어서 일반적인 장례와는 달리 처리하려고 한다.

"주위에서 알까 봐 무섭다. 정상적인 죽음이 아니기 때문이다."

성인의 장례는 두 가지로 나뉜다. 기혼일 경우와 미혼일 경우인데, 미혼인 성인의 장례 절차는 몇 안 되는 지인과 유족만 모여 치르려고 해서 부고 소식을 뒤늦게 확인하는 경우가 많다.

그런데 청소년은 다르다. 왕따 또는 괴롭힘과 같은 학교폭력으로 죽음에 이르게 된 것이 아닌가를 조사하면서, 또는 고인의 마지막을 함께할 친구들에게 자연스럽게 그 소식이 알려지면서 죽은 사실을 알게 되는 경우가 많다.

그 결과 주변 사람들이 충격에 빠지기도 한다. 친구들마저 이것이 꿈인지 생시인지를 혼동하기도 한다.

'얼마 전까지 같이 있었던 친구인데 정말 죽었다고?'

누가 그것을 쉽게 믿을 수 있겠는가.

세월이 지나면서 충격이 가라앉는 사람도 있고 그 충격 속에서 헤어나지 못하기도 한다. 유가족들이 제일 힘든 것은, 보통 후자에 속하기 때문이다. 도저히 그를 떠나보내지 못하는 것이다.

고인을 떠나보내는 방법

아래와 같은 방법이 있다.

1) 고인의 물건을 단기간 내에 처분한다.
2) 함께한 집에서 다른 지역으로 이사한다.
3) 고인의 연락처를 삭제한다.
4) 고인의 친구와 지인들에게 먼저 연락하는 것 자제한다.
5) 고인과 함께 찍은 사진은 별도 보관한다.

그래도 고인에 대한 그리움은 약 6개월간 지속되며, 생활에 막대한 지장이 오면(삶에 대한 의욕이 없는 등 죽음을 계속 생각) 정신과 치료를 병행하면서 가족들의 힘으로 치료가 되도록 노력해야 한다.

이미 자살로 생을 마감한 고인의 뒤를 따르겠다며 죽음을 재촉하는 사람들을 어렵지 않게 찾아볼 수 있다. 청소년 역시 마찬가지인데, 이미 자살로 생을 마감한 형, 언니, 동생, 엄마, 아빠, 친구의 뒤를 따르려는 사람이 꽤 많이 있었다.

유가족들은 급격히 슬픔에 빠지다가 끝내 고인과 함께한 추억들을 잊지 못하고 그의 뒤를 따르기도 하는데, 사실 슬픔이라고 할 뿐이지 눈에 보이지 않는 우울증이 있는 것이다.

4.
자살하는 이유

청소년이 죽는 이유와 성인이 죽는 이유는 다르지만, 그들은 공통적으로 사랑과 관심을 받기를 원한다. 누군가의 도움이 있으면 죽음을 선택하지 않을 텐데, 자신을 도울 사람이 없다는 현실이 극단적인 선택을 하게 한다.

청소년은 대화의 부족이 원인으로 꼽힌다. 부모와 많은 대화가 이루어지지 않거나 가정 내 불화로 스트레스를 받은 결과 심할 경우 우울증에 시달리게 되는데, 그러한 증상을 내색하지 않아 죽음의 기로에 서도 무기력감만 밀려온다. 주위의 친한 친구에게는 고민을 털어놓는데, 친구들은 힘내라는 말만 해줄 뿐 그러한 사실을 그의 부모나 학교에는 알리지 않는다. 왜냐면 '자살 예방 상담을 받아야 하거나 정신과 상담을 병행하면 친구가 더 힘들지 않을까?'라는 생각 때문이다. 자살할 사람은 내일도 매일 똑같은 일상을 보낼 바에야 하루빨리 편안해지고 싶어 한다. 이것을 알고 있는 친구들마저 그 사실을 부모에게 알리지 않아 자살하려는 청소년은 혼자서 고통에 몸부림을 친다.

죽음의 몸부림

SNS에서는 밤이 깊을 때 많은 움직임을 보인다. 가족 이외의 또 다른 친구를 만들고, 그들과 다양한 소통을 한다. 같은 관심사를 가진 사람을 찾아서 친구를 맺고 하루 일과를 공유하면서, 또 힘든 것을 자연스럽게 말하면서 관심 있는 사람들로부터 격려와 위로를 받으려고 한다.

그런데 이 가운데 매일 밤 죽음을 부르짖는 글이 있다. 그 글을 쓴 사람을 감시하다 보면 다양한 방법으로 죽음을 암시하고 있다는 것을 발견할 수 있다. 이 정도면 가족도 알 수 있을 텐데, 아무도 그의 몸부림을 알지 못했다. 왜냐하면 밤에는 고통 속에 죽음을 암시하는 글을 쓰지만, 낮이 밝아 오기 전에 자신이 적었던 글들을 모두 지우거나 계정 자체가 누구도 알지 못하는 비공개 계정이기 때문이다.

이렇듯 그들이 하루를 힘들게 보낼 때 누군가가 그의 손을 붙잡아줘야 하는데, 그 누구도 그를 붙잡지 못하는 실정이다. 경우에 따라서는 힘들어하고 있는 것을 알면서도 방치하기도 한다.

자살생각 → 자살다짐 → 죽을 날 지정 → 마음의 평온 → 실행

5.
자살자가 보이는 평온함

성공할 대상	실패할 대상
마음이 편안하다. (성공률 약 90%)	불안, 초조, 긴장을 보인다. (성공률 약 30%)

[자살 실패율과 성공률 구분]

자살에 임박한 사람이 보이는 특징은 죽을 날이 다가올수록 마음의 평온을 찾는다는 것이다. 이러한 평온감이 없는 사람은 중도에 포기하거나 실패할 확률이 높다. 그래서 죽을 사람을 선별적으로 신고할 때, 그가 죽을 날을 정했는지 알아보는 것은 물론 죽기 전까지 보이는 행동을 쭉 지켜봐야 한다.

우울증이 있는 사람이 적은 글에는 죽음과 관련된 것을 쉽게 찾아볼 수 있는데, 절대 그 자체로만 판단하면 안 된다. 그가 적은 과거의 글부터 시간 순서대로 확인해야 한다.

자살한 사람은 보통 죽을 날에 행복한 모습을 보였다. 그래서 장소가 펜션인 경우 펜션 주인은 그 사람들이 평범한 행동을 보여서 전혀 의심하지 않았다고 말한다. 그리고 펜션에서 죽는 사람은 펜션 주인에게 미안함을 가진다. 내가 여기에서 죽음을 맞이하면서 주인에게 피해를 주기 때문이다. 그래서 아주 인적이 드문 곳을 찾거나, 일요일에 입실해서 떠나거나, 아예 평일을 선택하기도 한다.

이것은 동반자살만의 문제가 아니다. 단독으로 결행하려는 사람을 신고해서 구조한 경찰의 이야기를 들어보면, 그들 역시 매우 평온한 모습을 보였다고 한다. 사실 자살 도구가 확인되지 않은 단독 자살은 죽을 장소에서 자살을 시도하기 직전에 목격되지 않은 이상 그가 곧 죽을 사람이라고는 생각할 수 없어서 단독 자살의 구조 가능성은 낮을 수밖에 없다.

대상자 : 내 목줄. 남의 묘

[숨진 것으로 추정되는 성인의 자살 사례]

해당 대상자는 모텔에서 질식사로 자살을 시도한 적이 있었는데, 그때는 간신히 특정 정보를 알아내서 경찰에 신고해 구조를 해냈다.

그런데 며칠 후 다시 흔적을 남겼다. 마지막 모습을 남기듯 사진을 찍었는데, 누구도 자신의 위치를 알 수 없도록 하기 위해서인지 봉분에 기대어 있는 자기 모습만 나와 있었다. 어느 깊은 산속에 있는 듯 보였고, 위치는 알 수 없었다.

이미 신고한 이력이 있는 대상자라서 재차 신고했는데, 끝내 숨진 것으로 안다.

그의 마지막 모습을 보면 매우 편안해 보인다. 어두운 산속에서,

그것도 남의 묘 앞에서 그 어떤 두려움도 없다. 죽음을 맞이한다는 편안함에 마지막에는 행복함을 느끼는지 웃음을 뜻하는 초성까지 남긴다. 모든 것을 내려놓고, 이제는 챙겨온 도구로 세상을 떠난다는 평안함을 유지하고 있다.

이 대상자를 신고했던 때가 생각난다. 그는 신고인이 누구인지를 알게 됐는데, 경찰이 모텔에 찾아온 것을 깨닫고 현장을 빠져나가면서 신고인에게 욕설과 폭언 등을 담은 문자를 수차례 보냈다. 그때 그 문자를 보고 처음으로 통화했는데, 대상자는 더 격한 반응을 보였다.

그 후 몇 시간이 지나서 대상자에게 문자를 보냈다. 밥을 먹었냐는 질문에 아니라고 답한 대상자에게 계좌번호를 요청했고, 밥값으로는 충분할 정도의 금액을 입금했다. 그러자 대상자는 "술 한잔 같이하고 싶다."며, 고맙다는 말을 남겼다.
하지만 며칠이 지난 뒤 대상자의 마지막 모습을 지켜봐야 했다.

성인 : 네
저자 : 자꾸 글자가 깨지네요.
성인 : 전가요. 스거하세요. 스르르 잠이 오니요.

[성인 자동차 안에서 숨진 채 발견된 사례]

이번 대상자는 외진 곳에서 동반자와 결행을 할 것을 약속했다. 그래서 감시하고 있었는데, 동반자가 나타나지 않아서 혼자서 죽음을 맞이하는 중이었다.

동반 자살자를 구하는 글을 보고 그 사람을 만나면, 거짓말인 경우가 많다. 보통 아래의 유형을 보인다.

1) 술, 밥만 얻어먹기 위해서 만나는 사람
2) 수면제 등을 먹은 대상자가 가지고 있는 자살 도구만 챙겨서 도망가는 사람
3) 돈을 편취하기 위해서 만나는 사람
4) 만날 날에 변심하는 사람

그래서 사실 동반으로 죽음을 맞이한 사람들은 만나기 전까지 여러 사람에게 피해를 입었거나, 마음의 상처를 입은 사람인 경우가 많다. 즉 다른 사람들로부터 많은 상처를 입은 사람끼리 모인다.

동반 자살을 할 때는 모집자 자신보다 죽어야 할 이유가 부족하다 판단되는 사람이 지원할 경우 더 살라면서 배제하고, 죽어야 할 이유가 분명한 사람과 뜻을 함께한다. 그래서 동반할 사람과 대화 후 마음이 확고하면 지역과 상관없이 즉시 만난다. 이때 픽업해 오거나, 차비를 보내주거나, 휴대폰 비용이 없어서 연락이 안 되는 사람의 미납 비용을 대신 내주기도 한다.

그들은 동반자 중 생존하는 사람이 있더라도 다른 사람들이 생존자에게 책임을 묻지 못하도록 하기 위해 '스스로 죽음을 선택했다.'는 뜻을 담은 유서를 쓰기도 하는데, 그것은 서로를 위한 배려에서 비롯된다.

사례를 보면 글자 하나하나에서 매우 평온함이 느껴진다. 임종을 맞이하는 중이라서 글자 수도 줄어들고, 오타까지 생긴다.

"스르르 삼이 오네요."

결국 이 글이 마지막이었다.

경찰에 신고했는데 몇 시간 동안 수사를 계속하다가 다음 날에 성인을 찾았다. 그는 차 안에서 숨진 채 발견되었다.

그의 메인 글은 "걸어서 하늘까지."였다. 그날 '걸어서 저 하늘까지'라는 노래를 여러 번 들으며 그의 마지막 모습을 떠올려 봤다.

이렇듯 죽는 날에 모든 것을 내려놓은 듯한 행동을 보이지 않으면(평온함을 보이지 않으면), 그 사람은 죽지 않을 사람이다. 이것은 청소년도 마찬가지이다. 청소년이 내일 죽는다는 글을 적었는데 "죽을까? 말까? 한 번 더 살아볼까?"라는 행동을 보이면 그 청소년은 죽지 않을 가능성이 크다. 반면에 "이제 마음이 편하다. 내일이면 떠난다."라는 메시지를 적었다면 죽음이 임박했음을 뜻한다.

죽기 직전의 평온함이 그가 정말로 죽을 사람인지 아닌지를 알 수 있는 지표이며, 그것을 통해 자살의 성공률을 짐작할 수 있다.

II.
자살사이트의 모습

1.
2000년도의 자살사이트

카페, 홈페이지 등에 자살사이트가 개설되었다. 이곳에 글을 남기면 그 글을 확인한 사람이 댓글을 달면서 실시간으로 채팅하거나 공개된 개인정보로 연락을 한다. 동기는 경제적인 어려움과 건강상의 문제 등이었다.

당시 자살사이트는 아주 대담했다. 죽을 일자, 방법, 장소, 자신과 함께해야 할 이유를 적으면서 자살 광고를 했다.

동반 자살 그룹 형성

예전에는 동반 자살을 할 때 죽을 사람이 장소를 공개하고, 그곳에 시간 맞춰 온 사람이 있으면 같이 결행을 했다.

당시에는 통신 수단이 없어서(이메일, 메신저 정도) 장소를 공개한 것인데, 요즘은 누구든지 통신 수단을 구비하고 있으므로(휴대폰 등) 실시간으로 의견을 교환하며 동반 자살 그룹을 형성한다.

그래서 당시에는 3명 이상의 인원이 함께 고층에서 떨어져 죽었다는 뉴스도 있었다. 이것이 가능한 이유는 그들이 선택적으로 동반 자살자를 구하지 않고 일시와 장소를 모두에게 공개해서이다.

현재는 2인이 계획해도 현실적으로 쉽지 않은 편이지만, 성인 남성 셋이 아파트 공사장에서 결행하기 위해 만났다가 구조된 경우나 중고등학생이 주중에 만나 결행을 계획하다가 실행 전에 구조되는 등 실제 사례는 존재한다.

2.
2014년도의 자살사이트

하루에도 수십 개, 한 달 기준에서 수백 개의 자살 정보 글이 생성된다. 자살할 사람이 그것을 발판으로 삼으면서 정보가 유포되었고, 죽고자 하는 사람이 자살에 성공할 수 있도록 도왔다. 결국 정부에서 자살 정보를 차단하자, 자살자들은 해외사이트를 찾아 헤맸다.

인터넷에서 '한국의 생존', '한국의 삶', '한국인의 인생'이란 키워드를 중점으로 검색해보았는데[1], 해외 소규모로 운영 중인 자살토론방이 확인되었다. 이곳에서는 하루에도 약 100여 명 이상이 자살 방법, 동반 자살자 모집, 자살 도구 수급, 자살 실패 및 성공 사례를 공유하고 있었다.

자살사이트 종합백화점인 셈이다.

---

1   검색은 "연상키워드를 이용한 트릭"인데 이러한 트릭으로서 사실상 사이버에서 이루어지는 각각의 범죄에 대한 흔적을 찾아내기도 한다.

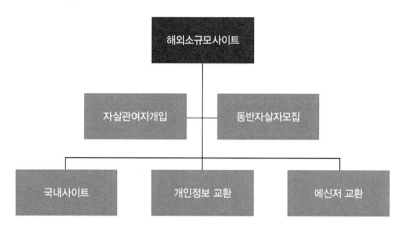

[해외에서 소규모로 운영 중인 자살방의 구조]

 해외의 소규모 사이트는 자살이나 죽음에 관심 있는 자가 연관 검색어를 통해서 들어온다. 이곳에서 자살방을 개설하고, 자살 관계자가 참여하면서 방대한 정보가 공유되었다. 그리고 서로 개인정보와 메신저 주소를 교환하며 동반자를 구하거나 독극물을 거래하는 등 다양한 정보를 습득했다. 즉 국외에서 소규모로 사이트를 운영하는 자살 관계자(자살을 더 용이하도록 돕는 자, 자살 방법 공유 등)로 인해 소규모 집단이 만들어진 것이다.

 그곳에서 죽음에 관심 있는 사람들이 화학적인 방법으로 자살을 결행하고, 고통 없이 죽는 방법이나 자살에 성공할 수 있는 방법 등에 대한 동영상을 제작하면서 자살할 사람들에게 동기를 부여했다.

여러 방법을 시도해봤는데 여러 번 실패해서 괴롭네요. 깔끔하게 가고 싶은데, 혹시 구하신 분 있으시면 같이 가요. 절실합니다.
정말 같이 죽으실 분, 같이 죽을 사람 없나요? 사는 곳이 지방이라 이 근방에 실행 가능한 곳도 많아요.
일단 연락주세요.

[해외 토론방 게시글 예시]

방송통신심의위원회에 해당 자살사이트 차단을 요청했는데, 2주가 지나도 삭제되지 않아 경찰에 신고했다. 경찰은 방통위의 소관이라 하고, 방통위는 즉시 차단은 어려우니 경찰에 신고하라는 답답한 말만 할 뿐이었다.

▌민원신청내용

- **민원제목**   자살사이트 긴급 차단을 해주시기를 바랍니다.

- **민원내용보기**

해외소규모인터넷을 통해서,
우리 국내인이 자살사이트모임란을 만든 것 같습니다.

그곳에서, 동반자살자를 모집하고 있는 등, 그 수위가 도를 넘은 듯 싶으니, 사이버테러대응센터에서 현 자살사이트를 차단해주시기를 바랍니다.

더구나, 설명절 때이므로, 아마도 이 시점에서 자살자들이 많을 것으로 예상되오니, 긴급으로 처리하시어, 소중한 생명들을 잃지 않도록 해주시기를 바랍니다.

한국의 자살 문제

한국의 자살 문제는 정말 오래된 문제이다.
2000년부터 자살사이트가 버젓이 활동했는데 정부의 소극적인 대응으로 인해 자살 정보가 여기저기 산재해 있다.
현재는 그 정보가 계속 삭제되고 있는데, 이는 그들의 목소리를 외면하는 것이다(죽음을 암시하는 글을 삭제하면 당사자를 죽음의 늪에 방치하는 것).
이들이 죽음을 암시하면 그 글을 비롯해 다양한 데이터를 비교·분석해 자살 원인을 해결해주는 등 찾아가는 예방법으로 도움을 줘야 한다.
그것이 자살률을 줄일 수 있는 유일한 방법이다.

200년도부터	2014년도	현재
사이트, 카페, 메신저	해외에서 만들어진 블로그 (예: Korea Life)	SNS에서의 폭탄방2

[자살사이트의 변천 과정]

자살사이트는 카페, 지식인, 커뮤니티 사이트, 일반게시판 등 불특정 다수가 볼 수 있는 공간에서 타인을 의식하지 않고 대범하게 활동을 했다.

그런데 점차 자살 예방이 활발해지자, 자살할 사람들이 다양한 은어와 약칭을 만들어 관련 검색어가 관련된 사람들 간의 의사소통 수단이 되고, 그들만이 접근할 수 있는 죽음의 공간이 만들어지고 있다.

약칭	내용	약칭	내용
ㅇㅌ	연탄	ㅇㅅ	익사(대교 등)
ㅌㅅ	투신(건물 등)	ㅈㅅ	질소
ㄱㅌ	갈탄	ㅇㅈㅅ	아질산
ㅁㅁ	목맴(교사)	ㅈㄱ	지금
ㅂㄱㅌ	번개탄	ㅍㅅ	펜션
ㅎㄱ	확고 (마음 확고)	ㄷㅂㅈㅅ	동반자살
ㅅㅁㅈ	수면제	ㅊㅅㄱㄹ	청산가리
ㅈㅎ	자해	ㅈㄹ	정리 (마음 정리)

[자살의 은어 약칭]

---

2 동반 자살자를 구하는 글을 올리고 구해진 즉시 삭제하여 흔적을 지워버린다(초대 링크를 만들어서 모집한 뒤 해당 링크를 삭제하는 방법 등)

"ㅈㄱ 2명 ㅍㅅ ㅂㄱㅌ 연락주세요."라는 말은 "지금 2명이 있고, 펜션에서 번개탄으로 가는데 같이 갈 사람은 연락을 달라."는 뜻이다. 이러한 약칭은 자살자들 사이에서 대화를 하기 위해 반드시 익혀야 할 기본 은어이다. 그래서 이러한 은어를 알고 있는 사람만이 그들과 소통할 수 있다.

3.
현재의 모습

자살방이 개설되면 그곳에 또 다른 방이 개설된다. 이때부터는 자살 연관 검색어가 아닌, "누구님 들어오세요.", "가자.", "이별이다, 세상아."라는 등의 글이 올라오는 등 자살 관련 연관 검색어로는 찾을 수 없게 된다. 이곳에 참여한 사람만이 알 수 있는, 외부에서는 결코 알 수 없는 비밀방이 만들어지는 것이다.

그 결과 그 방에 속해 있는 사람의 수는 서서히 줄어드는 죽음의 늪이 되고, 최후까지 남은 몇몇 인원 중에서 제2의 운영자가 등장한다.

자살방은 단순히 '자살할 사람을 모집하기 위해' 만드는 것이 아니다. 그곳에서 여러 사람이 죽음에 대해 이야기 하거나 곧 떠나는 사람을 보면서 힘을 얻는다. 그리고 죽기 전에 후임자를 지정하면서 방의 관리를 부탁하고, 그 후임자 역시 다음 후임자를 지정한 뒤 떠나는 것을 반복한다. 그리고 이들은 떠날 때 마지막 메시지를 남기는데, 그 글은 **"나는 죽음을 선택하지만 당신들은 살라."**라는 메시지이다.

꿈과 희망을 가지고 괴로워할 시간에 자기 발전해라. 아직 젊은 사람은 많은 사람을 만나고 많은 기회를 만들고….

경제 문제로 죽으려는 사람이라면, 정말 갚지 못할 빚이 아닌 이상 일하면 해결된다.

매일 자살방에서 하소연할 시간에 절실한 마음으로 살아라.

- 인생 선배로서 하는 말

[차량에서 자살을 시도한 사람이 남긴 메시지]

위 사례는 차량에서 마지막 생을 마감한 어떤 대상자가 남긴 글이다. 특정 정보가 전혀 없어서 그가 적은 글을 지켜볼 수밖에 없었다. 시신이 부패하기 전에 가족의 품으로 보내주려고 했으나 정작 그를 알고 있는 사람은 없었다.

자살한 사람들의 메시지

자살할 사람이 마지막으로 남긴 글을 보면 마음이 아프다. 보통 죽음을 맞이하기 직전에 다른 사람에게는 힘과 용기를 북돋아 주는 글을 남기는 걸 확인할 수 있다. "나는 어떠한 이유 때문에 죽음을 선택하지만, 나같이 어리석은 선택하지 말고 더 살다 오라."라는 말을 하는 등 본인은 죽을 수밖에 없는 현실에 처해 있으면서 남들에게는 힘을 내 살라고 격려해준다. 그리고 실제로 이러한 메시지는 다른 사람에게 영향을 줘 자살을 중도에 포기하게 만들거나, 그 채팅방을 떠나 삶의 의지를 다시 세우는 사람이 나타나고는 한다.

자살하는 이들은 죽음을 겸허히 받아들이고 있지만, 다른 한편으로는 스스로 생명의 끝을 재촉하는 행위가 어리석은 것임을 알고 있다. 그럼에도 그것이 자신에게는 최선이라 결국 자살을 선택하는데, 정작 자신과 똑같은 처지에 있는 사람들에게는 살라고 말한다. 그래서 동반 자살하기 직전에 누군가 죽음을 맞이할 준비가 덜 되었다면 그 사람을 빼고 나머지 사람들만 떠나기도 한다.

지금까지 수많은 사람이 죽기 직전에 쓴 글을 많이 보았고, 실제로 죽음을 맞이한 사람도 많이 보았다. 그런데 그들은 대부분 죽음 앞에서 숙연해지면서 자신의 어리석음을 이야기하고, 다른 사람에게는 힘과 용기를 주는 모습을 보였다.

4.
자살 정보 습득 및 동반 자살의 모습

대상자는 다양한 경로로 자살에 대한 정보를 습득한다. 이미 인터넷에서 떠돌고 있는 정보만이 아니라, 죽음을 암시하는 글은 물론 각종 영상, 링크, 관련 소스에도 숨어 있다. 뉴스에서 알려진 것부터 모방하기 시작하는데, 이것뿐만이 아니라 주위에서 자살에 이른 다양한 성공 사례가 그들의 답안지가 되고 있다. 이것은 죽음에 성공하기 위해 더 철저히 준비할 수 있는 힌트이면서, 자살을 선택하도록 만드는 원인이 되고 있다.

그 외 다양한 방법으로 정보를 습득을 하고 있는데, 이러한 방법들은 모방 가능성이 있어서 언급하지 않는다.

동반을 하는 이유는 정보를 습득한 사람들이 한자리에 모여서 마음이 약한 사람에게는 용기를 주고, 죽겠다는 결심을 굳건히 하는 원천이 되기 때문이다. 서로 정보를 공유하고 각자 도구를 준비하면서 최종 합의를 통해 마지막을 장식한다.

이미 죽을 마음이 확고한 사람의 선택은 죽음이며, 동반자와 최소 하루 전 또는 당일에 만나서 결행 여부를 확인한다. 이는 동반할 사람을 알고 있는 상황에서 결행일까지 남은 날이 많을 경우 동반이 깨지기 쉽기 때문이다. 그래서 만나는 즉시 결행으로 이어진다.

　만약 죽을 마음이 확고하지 않거나, 죽어야 할 이유가 부족한 사람은 더 살라는 의미에서 배제한다.

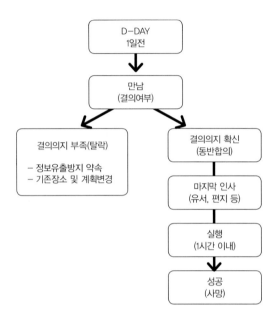

[동반 그룹 모집 및 결행 과정]

　사람이 모이면 무조건 동반 자살을 하는 게 아니라, 죽어야 할 이유가 분명한 사람들을 걸러내고 결행한다. 그래서 동반할 사람을 직접 만나 정말 죽어야 할 사람인지 확인하는 것이다. 그렇게 여러 명을 만나다 보면 죽을 사람이 정해지고, 그들이 성별과 죽을 목적이 같은 다른 동반자를 구해서 최종 인원을 완성하며, 자살 도구 등을 결행일에 준비해 삶을 마감한다.

과거에는 미리 자살 도구를 준비하고 동반자를 구했다. 그런데 지금은 자살 정보를 올리는 등 동반자 모집을 처벌하고 있어 우선 동반자와 만난 뒤 합의를 끝내고 도구를 구한다.

이것을 볼 때, 동반 자살은 동반자와 만난 것만으로는 자살을 결행하는지 불분명하다. 모두 모여서 최종 인원을 선발하는 때, 즉 동반 합의가 이루어진 시기에 결행한다고 볼 수 있다.

그렇다면 청소년들만으로 동반 자살이 가능할까? 청소년은 성인과 달리 도구를 준비하지 않고 결행한다. 그런데 청소년도 기왕 죽는 거, 성인과 마찬가지로 고통이 덜한 죽음을 선택하고 싶어 한다.

대상자 : 저희는 3명이요.
저자 : 나이들이?
대상자 : 18살 2명과 19살 하나요.
저자 : 준비된 것은 있나요?
대상자 : 네.
저자 : 어떻게 준비하셨는데요?
대상자 : 도구 구하기는 쉬워요. 이미 구하는 곳도 알아났어요.

[청소년끼리의 동반자살 사례]

위 사례에서 청소년 3명이 동반하기 위해서 준비했다. 그런데 이들은 당장 도구를 준비하지 않았다. 대신 죽을 날인 3개월 후에 도구를 구하고 죽을 계획을 세웠다.

보통 이렇게 결행일까지 남은 시일이 길 경우, 동반 그룹은 해체되기 쉽다. 그룹 인원 중 하나가 먼저 죽음을 택하거나, 의견의 불합치로 동반 그룹 자체가 해체되거나, 인원 중 하나가 자살하고자 하는 원인이 해결되어 다시 살 마음이 생기는 등 변수가 생기기 때문이다.

> **# 결행일까지 남은 시일이 길 경우**
>
> 보통 결행일까지 남은 기간이 긴 경우, 앞서 말한 것처럼 동반 그룹이 해체되기 쉽다. 때문에 해당 그룹의 구성원이 디데이에 가까워져 결행을 위한 움직임을 보이지 않은 이상 감시하기 어렵다.

또한 이런 식으로 자살을 암시한 사람과 대화를 해보면, 죽음에 대한 의지가 부족한 사람들이 보이는 특징을 지니고 있다.

결행 의지가 부족한 사람	결행 의지가 확고한 사람
무섭다. 긴장된다. 두렵다. 초조하다. 살아 볼까? 저 죽을까요?	성공하자. 이제야 떠난다. 미련이 없다. 자신의 흔적을 지운 사람.

[결행 전에 보이는 행동]

보통 이런 사람은 **다시 생각할까 고민하거나 결행일까지 많은 시일을 남기거나, 여행을 떠나는 사람이다.**

보통 이들을 '자살 관종 대상자'라고 부른다.

성인이 자살하기 전에 여행을 떠나는 것은 '여행의 마지막 장소가 죽을 장소'이거나, '여행을 하면서 죽을 마음을 다지기 위해서'이다. 성인의 경우 죽을 의지가 약할 경우 여행 중에 남긴 흔적으로(죽을정도로 힘든 고민이 있음을 외부에 알리는 표시) 자살의 원인이 해결될 거란 막연한 기대를 품고는 한다.

그런데 청소년에게 있어서 마지막 여행은 죽음을 뜻한다. 예를 들어 "저 내일 아주 먼 여행을 떠나요."라고 하면 확고한 의지를 지닌 것으로 판단할 수 있다.

반면에 마음이 확고한 사람들이 보이는 특징이 있는데, 죽음이 다가올수록 차분해지고 안도를 느낀다는 것이다.

결과적으로 마음의 평온을 유지한 사람은 죽음에 성공하고, 그러하지 아니한 사람은 실패에 이른다.

죽음을 받아들인 사람은 불안하기보다는 차분해진다. 소위 병상에 편안히 누워 임종을 맞이하는 것처럼 말이다. 그래서 이미 평온함을 찾은 사람을 신고할 때는 미안해지기도 한다.

실제로 그런 사람을 신고하면 수일 이내에 다시 시도를 하는데, 그때는 그를 놓아주기도 한다. 왜냐면 마음에 평온함을 찾은 사람은 신고자에게 격한 반응을 보이는데, 거듭된 신고는 신고인에게 격한 감정까지 느끼게 하기 때문이다. 처음 신고해서 구조했을 때의 조치가 중요한 이유이다.

5.
청소년이 합류한 동반의 형태

1) 청소년 2인 동반 자살 계획

청소년 2명이 동반 자살을 계획했다. 그들은 어느 곳에서 만나 동반 자살을 하기로 했다. 결행일은 중순의 짝숫날 중 하나였다. 누구와 동반하기로 했는지는 확인되지 않았다.

이때는 대상자를 특정해서 신고하는 것이 최선인데, 동반하기로 한 학생까지 찾아야 하므로 신고 시기에 신중을 기해야 한다. 왜냐면 해당 학생만 구조하면 다른 청소년이 그대로 결행할 수 있기 때문이다.

하루하루 결행일이 다가오는데 동반자가 누구인지 알 수가 없어서 결국 먼저 신고했다. 그리고 해당 학생에게 물어봐서 동반하기로 한 학생까지 구조해주기를 바란다고 신고 내용에 글을 남겼다.

2) 청소년이 성인 4인과 동반 자살 계획

성인인 대상자가 동반 자살을 하려고 자살방에 참여했다. 인원은

4명이었다. 그런데 죽고 싶은 인원만 모인 것이지, 실제로 실행에 옮길 사람인지는 확인되지 않았다.

이들은 앞으로 10일 이내에 도구를 구하고 그곳에 있는 사람들과 죽으려고 했다. 하루하루 지날 때마다 "지금 도구 준비하러 간다.", "도구 준비했다."라면서 하나둘 준비하는 듯 보였다. 죽기 직전 동반 그룹의 해체 여부가 달려 있었는데, 지금 신고하면 결정적인 시점에서 신고할 기회를 놓치게 된다. 단지 글만 보고 신고하는 것이 되어 대상자가 반박하면 그들을 살리지 못한다. 주동자를 제외한 나머지 사람들은 그대로 놓치는 꼴이 될 것이고, 그들은 다른 동반을 구할 것이다.

하루하루가 지나, 다음날이 결행일이었다. 자살 도구를 준비한 사람은 같이 죽을 사람들과 비공개로 의사소통을 해왔던 것으로 보인다. 그러자 도구를 준비한 사람은 죽을 인원을 확정하기 위해 구성원에게 나이를 물어보았다. 그런데 그중 한 명이 15세 청소년이라고 말했다.

성인들은 동반 그룹에 청소년이 껴 있는 것을 알고 한 명씩 자살방을 빠져나갔다. 그러자 해당 청소년은 "저 그냥 오늘 ○○대교에 투신해서 죽을래요."라고 말했다. 이미 죽을 장소와 방법까지 알아본 것이다.

그래서 청소년의 특정 정보를 파악해서 즉시 신고해 구조했다. 그런데 2일이 지나 동반 자살 뉴스가 나왔다. 자살 방법과 구성 인원이 비슷하고, 자살한 날짜가 원래 일정과 비슷한 것으로 보아 같은 방에 있던 성인으로 추정된다. 결국 청소년이 이곳에 합류해 있는 바람에 나머지 성인 구성원들을 구조하지 못한 것일 수 있다.

부디 이러한 점을 알고서 부모가 자녀 관리에 소홀하지 않았으면, 그리고 학생의 동반 자살 참여가 재발하지 않도록 해주었으면 바랄 뿐이다.

자살 암시 글을 적은 사람을 감시를 하다 보면 혼자만의 죽음을 맞이하려던 이도 한 번쯤은 동반자를 찾으려고 한다. 그런데 청소년과 동반 자살을 하려는 성인을 찾는 것은 쉽지 않다. 청소년이 자원한 경우 혼자서 죽음을 맞이하는데, 거기엔 여러 이유가 있다.
결국 청소년의 동반자 모집 글은 같은 청소년을 모집하는 것이 아닌 이상 혼자서 죽는다는 사실을 예고하는 것이나 다름없다.

III.
자살자 감시 방법 및
사후 관리 요령

1.
자살 의심자 데이터 확보

　자살 의심자의 데이터를 확보한 후 비교·분석하면서 죽을 사람을 찾아낸다. 그런데 그중 자살을 빙자한 범죄도 있다. 강도, 성폭행, 사기, 갈취, 촉탁살인 승낙을 하는 등 수많은 강력사범이 자살이라는 테두리 안에서 활개를 친다. 그리고 호기심, 떠보기, 장난, 소설, 앵벌이 구걸과 같은 이야기, 죽음에 대한 봇(죽음과 관련된 글만 기재하는 눈)도 판치고 있어서 이를 선별적으로 분류하면서 신고한다. 이때 도구를 구해주는 사람이나 독극물 판매자, 촉탁살인 승낙범과 같은 위험인물은 수사기관에 고발한다.

STEP 01	STEP 02	STEP 03	STEP 04
결행의 실행 가능성 확인 (결행 확고 여부)	특정 정보 확인 (요구조자 정보 취득)	신고 전까지 추적, 감시 및 단서 확보	구조 대상 확정

[유력 결행자 신고과정]

1) 결행의 실행 가능성 확인

자살 의심 글이 발견되면 그의 계정 전부를 확인한다. 과거에서부터 현재까지 쓴 글과 영상, 사진을 보면서 그 계정의 특징을 확인한다. 그리고 죽음을 암시하는 글이 서서히 죽음을 준비하는 것인지(제1단계), 이별을 알리는 글인지(제2단계), 유서인지(제3단계)를 구분한다. 성인은 즉시 유서를 남기기도 하나, 청소년은 보통 단계를 거친다.

2) 특정 정보 확인

자살의 조짐이 보이는 계정은 우선 특정 정보를 확인한다. 신고에 필요한 정보로, 그가 적은 글에서 이름, 연령, 지역, 그 외 특정할만한 정보를 확보하는 것이다. 이것은 신고를 하기 위해서이다. 특정 정보를 최대한 확보해서 신고해야 신속히 구조할 수 있다.

3) 신고 전까지 추적, 감시 및 단서 확보

신고하기 전까지 그의 동선을 확인한다. 주·야 가리지 않고 그의 글을 하나씩 캡처하면서 시간 순서에 따라 심경에 변화가 일어나는지를 확인한다. 그리고 객관적인 자료를 확보한다. 신고 이후 사후관리에 필요할 수 있어서인데, 자살하기 전에 흔적을 지우기도 하기 때문에 실시간으로 관련 글을 캡처해둬야 한다.

4) 구조 대상 확정

죽음을 준비하면서 이별 및 유서를 작성하는 3단계를 거친 대상자는 구조해야 한다. 그래서 즉시 경찰에 신고한다. 이때 대상의 특정 정보가 부족해서 구조가 어려울 경우, 해당 계정에 연결된 다른 계정의 주인들에게 도움을 구해야 한다.

> **# 진위 여부 확인 후 신고**
>
> 청소년은 단독 자살이 유력하다. 그래서 죽음의 흔적을 면밀히 분석하면서 신고를 한다. 이때는 유서, 이별을 알리는 내용, 자살 암시 글, 극단적인 시도 등에서 죽음이 임박했음을 추정한다.
> 자살 감시는 대상자가 올린 글과 사진 등을 통해 진위 여부를 확인하며 구체적으로 대상자를 선별한다.

2.
자살 의심자의 의도 파악

키워드 추출	직접적인 키워드(자살)
	간접적인 키워드 (유서, 죽음, 안녕, 이별, 자해)
정보의 분석	자살 가능성 있음
	자살 가능성 부족
자살 가능성 있음	의도 확인
	자살이 임박했는지 확인
	정보수집
	결행 신뢰도 확인
	신고

[감시대상자의 선별 구조]

1) 키워드 추출

감시대상자를 선별하려면 다양한 키워드로 검색해야 한다. 그런데 이것은 SNS마다 기준이 다르다. 그리고 이러한 선별만으로는 정확성을 기대할 수 없으므로(실시간으로 수많은 글이 올라오면 나중에 적은 글이 선별되지 않을 수 있음) 수시로 의심자를 찾아야 하는데, 이때는 글 자체를 일일이 확인한다.

2) 정보의 분석

키워드에서 자살 암시 글을 추출했다면, 자살할 사람인지 아닌지를 선별하는 작업에 들어간다. 가능성이 아예 없어 보이는 글이라면(자살 이외의 다른 의도의 글) 대상자를 선별에서 제외하고, 가능성이 있는 것으로 보이는 자는 친구로 등록하면서 집중 감시 대상으로 삼는다.

3) 자살 가능성 확인

자살 가능성이 있는 것으로 보인다면, 그 의도를 확인한다. 결행이 임박했는지 등을 확인하면서 신고 여부를 확정한다.

자살자는 단독으로 결행할 사람, 동반자를 구하는 사람으로 나눈다. 청소년의 동반 자살은 사실상 희망일 뿐이지, 지역, 성별, 연령, 죽을 날, 죽을 방법 등의 조건이 충족되지 않아서 실행에 옮기기는 어렵다. 동반자를 구하는 청소년을 감시한바, 대부분은 끝내 혼자서 행동으로 옮기려 했다. 또한 동반자를 구하는 글을 작성하기 전에 혼자서 행동하는 경우도 많았다. 그들도 알고 있듯이, 동반 자살은 희망일 뿐이지 꼭 동반사가 있어야만 떠나는 것은 아니어서이나.

청소년의 동반자 모집 글은, 이미 죽음을 맞이할 준비가 된 것을 외부에 알리는 것이다. 그래서 일단 신고 후 구조해야 할 대상이다. 그런데 동반자 구인 글도 호기심 등으로 올리기도 해서, 자살 준비에 따른 행위 및 죽음의 동기가 구체적으로 확인되지 않은 이상 그는 감시대상일 뿐이다. 섣부른 신고는 신고인의 탓으로 돌아오고, 출동한 경찰에게 민원이 제기되는 상황에까지 이른다.

동반을 구하는 글은 자신의 죽음을 알리는 것으로, 죽을 날을 기다린다는 메시지이다. 그래서 죽음을 맞이하기 위해 어떤 것을 준비했는지를 알아내야 한다.

이런 청소년들과 대화하다 보면 죽을 생각을 하다가 또다시 마음을 접거나, 죽을 생각이 아예 없거나, 심경에 변화가 생겨서 죽으려고 글을 올린 다음 삭제하는 등 여러 가지 경우가 있다.

여기에서 결심이 확고하지 않은 사람을 신고하면 단지 힘들어서 "죽어볼까?"라는 일반적인 생각만 한 사람을 신고하는 것에 그친다. 그리고 자살은 스스로 극복하는 것이 중요한데, 죽으려고 하다가 마음을 바꿔 먹은 사람을 신고할 경우 당사자에게 혼란을 일으킬 수 있으므로 신고에는 주의가 필요하다.

2020년 1월에 구글에서 "연락 없으면 혼자 가요. 확실한 분만 연락 주세요."라며 동반자를 구하던 청소년은 바로 다음 날 "연락은 이제 주지 않아도 되요. 열심히 살겠습니다. 응원해주셔서 정말 감사합니다. 그냥 좀만 더 버텨볼 겁니다."라며 자살의 뜻을 접었다.

이렇듯 성인, 청소년 불문하고 계획대로 죽음을 준비하는 사람이 있는 반면, 중간에 마음을 바꾸는 사람도 있다. 그래서 그가 계획대로 죽음을 맞이하는지 구체적인 경과를 포착해야 한다.

청소년과 대화하면서(유서는 썼는지, 죽으려고 시도해보았는지, 예행 연습은 끝냈는지, 주변 정리는 마쳤는지, 마지막으로 하고 싶은 것이 무엇인지 등을 물어보는 것이 좋다) 구조 대상이 될지 아닐지를 판단해야 한다.

자해 사진을 올리거나 결행일을 적어 놓은 채 일상적인 대화를 하거나, 매번 "죽고 싶다.", "내일 죽을 것이다."라는 글을 중복해서 올리는 사람보다는 우울증이 시간에 따라 심해지는 게 매우 구체적으로 연상되며 극단적인 표현을 하는 사람이 훨씬 위험하다.

3.
감시 대상자에 대한 등급 구분 및
대상자 특정 방법

A등급	B등급	C등급
유력 결행 + 자살 임박	유력 결행 + 시기 불명확	유력 결행 + 번복하는 생각

[감시대상자의 A~C등급의 구분]

감시대상은 A, B, C등급으로 나뉜다. 자살이 임박한 것 같은 사람을 A등급으로, 자살 시기가 불확실하면 B등급으로, 유력 결행자이기는 하나 생각을 번복하고 있는 사람을 C등급으로 나눈다. 이런 등급은 결국 유력한 결행자를 찾아내기 위함이다.

대상자를 특정하는 방법은 다양하다. 자살 채팅방에서 인증한 사진, 익명 채팅방에 적은 대화 내용을 하나둘 추출해가면서 정보를 조합하기도 하고, 죽으려고 하는 장소를 알아내 그 장소로 경찰을 인도해 직접 대상자를 찾아내기도 한다.

질문 : 글 봤어요.

답변 : 네. 우울증으로 지금 죽으려고요.

질문 : 아, 네. 저보다 나이 많나요?

답변 : 몇 살인데요.

질문 : 19살

답변 : 아 전 15살이에요 **(나이 확인).**

질문 : 여기 비가 와서 짜증 나는데.

답변 : 어딘데요?

질문 : 난 ○○

답변 : 저는 △△예요 **(지역 특정).**

질문 : 아, △△? 우리 할머니 집은 ●●●동인데.

답변 : 저는 ▲▲▲동이에요 **(동네 특정).**

질문 : 아, 그 동네 알지. 거기 아파트 많은 것 같은데 부럽더라.

답변 : 네, 아파트 많아요.

질문 : 넌 어디 아파트 살아?

답변 : 저는 ■■■ 아파트에 살아요 **(아파트 이름 파악).**

질문 : 응. 넌 고층에 사나 봐? 투신하려는 것 보면.

답변 : 아니에요. 저 3층에 살아요 **(아파트 층수 파악).**

질문 : 그렇구나, 3층이라고 하니까 웃긴 것이 생각난다.

답변 : 뭔데요?

질문 : 내 이름이 김삼층이거든. 너는 이름이 뭐야?

답변 : 저는 유◇◇이에요 **(이름 특정).**

즉시 112에 신고하고 시간벌기.

질문 : 지금 뭐해?

답변 : 옥상 올라가고 있어요.

질문 : 그래? 넌 지금 마음은 어때?

답변 : (답변 없음)

[청소년의 특정 정보를 파악하기 위한 대화 예시]

위 예시에서처럼 대상자를 적기에 구조할 수 있는 특정 정보를 확보한다. 이때 전화번호, 개인정보, 다른 계정 및 흔적을 미리 스크랩한다. 특정 정보의 부족은 결국 대상자를 구조하지 못하는 결과를 초래할 수 있기 때문이다.

특정 정보를 미리 확보해야 하는 이유

자살자는 가기 전에 자신의 흔적을 지우기도 한다. 그래서 감시 대상자가 선정되면 즉시 그가 남겨놓은 흔적을 모두 스크랩하고 추가 정보를 파악해야 한다. 그러지 않으면 신고 후 대상자 특정에 애를 먹는다.

특정 정보가 없다면 자살을 하기 위해 걸음을 옮기는 대상자의 행적을 실시간으로 보면서도 도울 길이 없다.

자살 예방존중법이 개정되어 법률적으로는 통신 요청할 수 있는 규정이 마련되었으나 인터넷은 익명으로 가입이 가능하고, 휴대폰을 꺼버리면 그만이고, 해외에서는 정보공개를 꺼려 해서 충분한 정보를 기대할 수 없다. 거기에 공 기계를 사용할 경우 추적이 힘들다는 통신 수사의 한계도 무시할 수 없다.

4.
구조 후 사후 관리

청소년이 소중한 생명을 잃지 않도록 신고를 거듭하고, 구조 이후
에는 사후 관리를 한다. 그렇지만 이미 구조된 청소년만 계속 감시
할 수 없는 노릇이다. 왜냐하면 하루에도 수천, 수만 개의 글을 감시
해야 하기 때문이다. 그래서 원칙적으로 신고는 1회, 부득이한 경우
한 번 더 신고하고[3], 나머지는 가족과 관내 자살 예방기관에게 맡겨
진다.

성인은 단독 자살일 때는 1회 신고로 그치되[4], 동반 자살은 신고
를 거듭한다. 동반에서 다시 단독 자살을 계획 중이라면 더 이상 신
고를 하지 않는다. 그것은 한계를 넘어섰기 때문이다.

청소년은 돈보다는 우울증, 좌절감, 현실에 대한 불만족 등이 자살

---

[3] 처음에는 신고의 횟수에 제한을 두지 않았다. 하지만 자살률이 증가함에 따라 위험에 처해 있
는 다른 사람을 구하는데도 시간이 필요하기에 신고는 1회가 원칙이다.
[4] 성인의 단독자살은, 다양한 방법이 있는데, 1회 신고 후 다시 신고할 때 상당히 망설여진다. 그
를 다시 살려야 하는지(살린 후에 또다시 반복될 것이라면), 아니면 이대로 편히 가도록 해야
하는 것인지 고민하게 되는 것. 누군가에게는 신고가 도움이 되지만, 누군가에는 신고가 더
고통에 몰아넣는 계기가 되기도 한다.

의 원인이다. 반면에 성인은 경제적인 이유가 많아서, 금전적인 도움을 줄 수 없다면 재차 자살을 시도한다.

여기에서는 성인의 사후 관리를 예로 설명하고, 청소년의 사후 관리는 4장에서 사례별로 살펴보도록 한다.

[성인 구조 후 사후 관리 사례]

성인 대상자를 사후 관리할 때는 안타까운 사연들도 많았다. 정말 떠나야 하니 제발 신고하지 말라며 공개적으로 글을 적는 사람, 죽기 직전에 산에 편안히 누워 있는 것을 인증하는 사람, 바닷가에서 천천히 물에 들어가는 장면을 인증하는 사진 등 다양한 방법으로 생을 마감한 이들의 모습을 봐야 했다.

그들의 마지막 인증샷은 눈물 없이 보기 힘들다.

그리고 몇 시간 지나 성인의 움직임이 보인다.

"이제 혼자 가야겠네요. 이 글을 보고 있는 사람은 제발 저를 신고하지 말아주세요. 부탁해요."

이때 한참 고민했다. 이미 2회 이상 신고해서 구조했는데, 그의 가족들마저 그를 외면한 상태라 거듭된 신고는 오히려 그에게 고통이 될 것 같았다. 신고는 하고 싶지만, 경찰에서도 딱히 방법은 없는 상황.
그 글을 계속 봤다. 신고하면 오히려 신고인에 대한 원망만 커질 것 같고, 더 극한 죽음을 선택할 것 같았다.
그래서 고민 끝에 그의 마지막 글을 지켜볼 수밖에 없었다.

결국 그 사람은 다시 돌아오지 못하는 먼 길을 간 듯 보였다.

IV.
SNS와 자살의 관련성

1.
SNS란 무엇인가

SNS에서는 자신의 관심이나 취미에 공감하는 사람들과의 관계가 형성된다. 인스타그램과 트위터, 페이스북이 대표적이고, 메신저로는 텔레그램 등이 있다. 각각의 SNS가 지닌 특징이 다르기 때문에 대상자를 특정하는 방법과 감시방법 등도 SNS에 맞춰 달리 해야 한다.

 # SNS에서의 활동

자신의 힘든 것을 감추지 않고 일기를 적으면서 스스로를 위로하거나 답답한 심정을 글로 표현한다.

SNS로 활동하는 이들 중 상대와 전화할 정도로 서로를 잘 알고 있는 이도 존재하는데, 그에게 죽음을 암시하거나 마지막 유언을 남기기도 한다.

이러한 말을 들으면 어른들에게 도움을 청해야 하는데, 대부분은 그러지 않다. 왜냐하면 그 대화자 역시 자살하고자 하는 사람일 가능성이 높기 때문이다.

[SNS에서 자살관련키워드 노출범위]

자살을 검색하면 관련 글이 노출되면서 의심자의 글이 발견된다. 그런데 이러한 검색은 동반 자살 등과 같은 경우에만 한시적으로 노출될 뿐이고, 천천히 죽음을 준비하는 글을 찾아내기는 어렵다. 그 이유는 자살 시도 정황이나 이별을 알리는 글, 유서 등의 암시 글은 정말 우연한 기회에서 노출이 되기 때문이다.

2.
SNS 계정의 특징

용 어	내 용
실친	실제 친구로 연결된 사이
사친	사이버상으로 연결된 사이
샘	상대를 가리킬 때 존중의 의미를 담은 표현
앞계(본계)	앞에 만든 계정(본래 계정)
뒷계(부계)	그 뒤에 만든 계정(숨은 계정)
일반계	일반적인 사람이 사용한 계정
우울계	우울한 글을 올리려고 만든 계정
자해계	자해를 하는 사람이 만든 계정
우울러	우울함을 알리는 것
자해러	자해를 알리는 것

[용어의 정리]

　SNS에는 실친과 사친이 있다. 자살 암시는 실친보다 사친들에게 퍼뜨리는 편이다. 실친은 실제 얼굴까지 아는 친구이므로 여차하면 자살 시도를 들킬 것을 염려해서 공개하지 않는 경우가 많다. 그리고 사친과 연결된 사람은 연령을 따지지 않고 서로를 존중한다는 의미로 '~샘'이라 호칭한다.

친구의 구분	실친	사친
계정 사용 범위	통상적인 글을 기재	자신의 속마음, 표현하지 못한 것을 글로 표현
계정 공개 여부	공개	비공개
계정 표기	앞계	뒤계

[실친과 사친의 구분]

[SNS의 이용자의 계정 범위]

계정을 2개 이상 보유하는 경우가 많다. 처음에 만든 계정은 앞계로, 본래의 계정이라는 뜻의 본계라고 한다. 그 뒤에 만든 계정은 뒷계로 비밀계정으로 사용하는 경우가 많다. 메인에 본계, 앞계라고 적혀 있으면 계정은 2개 이상이며, 보통은 뒷계에 우울증과 관련된 글이나 자해 글, 자살 암시 글이 적혀 있다.

2개의 계정을 만드는 이유 및 계정 존재에 대하여

청소년은 자신만의 공간을 만들어 간다. 보통은 하나의 계정에서 활동하는데, 2개 이상의 계정을 만들기도 한다. 평소 남들에게 보여주기 위한 계정과 자신만의 비밀 공간을 구분하기 위함이다. 또한 부모와 위클 같은 예방기관의 감시에서 벗어나기 위한 방편이기도 하다.
이들은 앞계에서 형성된 사친과 1 대 1로 소통하다가 서로를 비밀계로 초대한다. 그 결과 뒷계가 활발해진다.

계정을 2개 이상 보유할 수 있는 이유는, 휴대폰을 교체하면서 기존 폰을 와이파이 및 핫스팟으로 접속하는 것을 통해 기존 계정을 유지하고, 교체된 휴대폰을 새롭게 인증하면서 제2의 용도인 부계를 만들어 사용할 수 있기 때문이다. 청소년은 기존 공 기계 폰을 통해 다양한 활동 이력을 보이는 경우가 많다. 부모를 비롯한 어른들에게 들키지 않을 수 있기 때문이다.

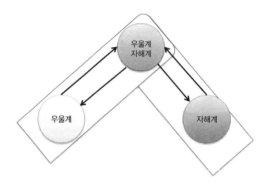

[우울계, 자해계의 상호 연관성]

우울계뿐 아니라 자해계 역시 우울러, 자해러와 친구관계를 냊으며 서로를 위로한다. 그것으로 그치지 않고 이별의 글이나 유서까지 볼 수 있다. 그런 글을 볼 경우 어떤 이는 자살하지 말라고 말리는 반면, 어떤 이는 선택을 했으니 이왕이면 좋은 곳에 가라는 말을 한다.

그러다가 사친이 자살했다는 걸 죽음을 알리는 소식글을 통해 알게 되면 "고인의 명복을 빈다."라는 글을 적으면서 그의 죽음을 애도한다. 그리고 죽은 자와 친구를 맺은 사람들은 심리적으로 영향을 받아 우울러는 더 우울한 글을 적고, 자해러는 더 짙은 자해를 하는 것으로 그 충격에서 벗어나려고 한다.

사친 중 숨진 사람이 있으면, 자살을 생각하고 있던 사람은 마음을 더 굳히는 계기로 삼는 경우가 있다. 이 현상은 앞에서 다뤘던 자살 채팅방을 생각하면 이해할 수 있는 범주의 현상이다.

자살 채팅방의 모습

자살방에는 여러 사람이 참여하는데, 그들은 죽기 전에 마지막 메시지를 남기거나 소리 없이 떠나기도 한다. 그래서 어떤 사람이 "오늘 죽는다."라는 글을 적고 일체 움직임이 없다면 죽음에 이른 것으로 추정하게 된다. 이런 사람이 늘어나면, 남은 사람들은 자기 순서가 다가오는 것이라 생각한다.

이는 SNS에서도 마찬가지이다. 사친 중 누군가 이별의 글이나 유서를 남기고 며칠 간 아무 말이 없으면 자살한 것으로 보고, 이미 숨진 사실이 알려지면 명복을 비는 내용을 적으면서 다음 차례는 자신이라고 생각한다.
그래서 이미 고인이 되었다는 사실이 알려진 계정이 있거나 유서를 쓰고 움직임이 없는 계정의 경우 다른 사친들에게 영향을 줄 수 있으니 해당 그 글을 지우거나, 비공개 계정으로 전환해 다른 사람들이 일체 볼 수 없도록 관리해야 한다.

결론을 말하자면, 죽음의 흔적은 다른 사람에게도 영향을 미칠 수 있으므로 그러한 흔적을 지우도록 노력해야 하는 것이다.

팔로우 된 사친 중 숨진 사람이 있다는 게 알려지면 사친들이 댓글을 다는데, 그 반응은 굉장히 다양하다. 그중 가장 많은 것이 명복을 비는 것과 고인의 심정을 대신하는 느낌으로 글을 적는 것이다. 보통

SNS에서는 같은 의도와 생각을 가진 사람들이 연결되어 있는 경우가 많기 때문에 사친의 죽음을 보고 두려워하기보다는 매우 숙연한 행동을 보인다.

사친의 자살 소식을 접한 한 유저는 "유언에 계정을 그대로 유지해달라고 했다. 제 친구에게 위로의 말씀을 남겨주셔서 감사한다. 부디 좋은 곳으로 갔기를 기도해달라."고 글을 남겼다.

그 유저의 사친은 "고인의 명복을 빈다."는 취지의 글을 남겼는데, 그중에는 "그곳에서 아무것도 듣지 말고, 보지 말고 행복하기를. 다시는 태어나서 사람으로 사는 일이 없기를."이라며 자신의 심정을 표현하는 사람도 있었다.

이처럼 청소년 사이에서도 죽음은 자연스러워 보였다.

죽음에 대한 인식

사친 중에서 누군가 자살을 하면 당혹감보다는 "그가 죽었구나."라는 생각을 하면서 댓글에 그의 심정을 대변하는 글을 적는다. 대부분은 고인의 명복을 빌지만, 구체적으로 그의 죽음을 평가하는 사람도 있다.

이렇듯 sns는 때때로 죽음을 미리 알리는 곳이 되기도 한다. 그래서 부모님이나 선생님이 청소년의 SNS에 관심을 가지면 그만큼 청소년의 자살률을 줄일 수 있다. 이는 청소년들이 부모에게 말하지 못하는 것을 SNS로 표현하기 때문에 부모가 자녀의 SNS를 훑어보는 것만으로도 자녀의 힘든 점을 알게 되어 고충을 해결할 수 있기 때문이다.

3.
우울계와 자해계와 자살

　자살은 자해계, 우울계의 영향을 받는다. 자해계는 자해에 관심 있는 사람이, 우울계는 우울증이 있는 사람의 계정이다. 이들은 서로를 샘이라 칭하면서 따르거나, 상대방의 말에 조용히 귀를 기울인다. 그것으로 더욱 성숙한 자해계, 우울계로 성장한다.

　그리고 우울계의 특징은 죽음을 극단적으로 암시하기보다 시인이 글을 적듯 매우 감성적인 표현이 많다는 것이다. 반대로 자해계는 극단적인 표현을 자주 보인다.

　자해계는 우울계에 포함되지만, 우울계는 자해계에 포함되지 않는다. 이 말은 곧 우울하다고 해서 자해를 하는 것이 아님을 뜻한다. 또한 자해계는 부모와 선생에게 자해한 흔적 때문에 우울증이 있다는 것을 들켜서 정신과 치료를 받는 경우가 많은데, 우울계는 그렇지 않은 경우가 더 많았다.

* 정신과 상담 처음인데 돈 많이 드나요?
* 엄마한테 우울증이 있다고 말했는데 듣는 척도 안 하네요.
* 나의 우울증은 나만의 비밀로 간직할 거야.
* 우울증을 들키지 않도록 노력하고 있어요.
* 우울증이 있다고 말을 해야 하나요?
* 처음인데 종합병원 정신과, 동네 정신과 중 어디를 가야 하나요?

[우울증 치료를 안 받고 있는 사람이 적는 글]

자해의 흔적을 확인하다

평소 뚜렷한 이유 없이 긴 옷을 입고 있다면 자해를 의심해봐야 한다. 그런데 요즘은 사혈 및 약물 자해 등 다양한 방법으로 자해를 하기 때문에 흔적이 없을 수도 있다. 이때는 팔과 손에 바늘로 찌른 흔적이 여러 개인지, 평소에 약을 복용하는 경우가 많은지를 확인해야 한다.

자살의 흔적

이유 없는 죽음이 없듯, 자살에는 반드시 원인이 있다. 그 원인을 찾으려면 약 2일 전의 행동과 숨진 날의 행동을 살펴봐야 하며, 그렇게 살펴보면 어느 정도 원인을 추측할 수 있다. 왜냐하면 대부분의 자살자는 죽기 전날부터는 확연히 움직임을 보이기 때문이다.

구분	2일 전의 행동	결행 직전에 있었던 행동

[자살자의 행동 점검의 예시]

내부분의 사살사는 확고한 마음으로 수변을 정리한다. 그리고 그날이 다가올 때까지 마음을 내려놓는데, 그 감정을 들키지 않으려 한다.
그런데 죽는 날이 얼마 남지 않은 사람의 행동은 다르다. 그것을 당장 눈으로 확인하기는 어려우나, 그의 흔적을 확인하면 그의 움직임이 어떠했는지 알 수 있다. 만약 그의 흔적에서 자살의 흔적이 발견되지 않는다면 그것은 타살 또는 다른 원인으로 죽음에 이른 것이라 볼 수 있다.

4.
글의 특징

SNS에서 자살한(할) 사람들이 보인 행동을 보면 다양한 특징이 있다. 이것은 자살 의심자의 계정명, 대화명, 가입 일자, 글의 양, 글의 성격, 사진과 동영상에서 느껴지는 감각, 주로 글을 쓰는 시간, 사친수, 해시값 사용 여부, 계정의 공개 여부에서 나오는데, 특정 정보를 노출하는 것을 최소화한다.

1) 계정명

계정은 고유의 계정이 있고 자신만의 것이 있다. 가입 당시에 최초로 입력한 계정으로만 계속 사용해야 하는 것이 고유의 계정이라면, 원할 때마다 원하는 것으로 변경이 가능한 것이 자신만의 계정이다. 계정명에 자살을 암시하는 듯한, 또는 영문으로 된 글에 우울증을 알리는 내용이 숨어 있다.

2) 대화명

대화명은 수시로 변경이 가능하다. 그래서 자신의 감정에 맞게 그

때마다 변경하면서 사용한다. SNS에서는 대화명으로 자신의 상태를 알리는 경우가 많다. 예를 들어 오늘 죽을 사람은 "내일 전에 간다."라는 표현으로 죽을 날을 알리는 것이다. 그리고 대화명 자체가 자살자를 모집하는 글이거나, 자살을 뚜렷하게 암시하기도 한다.

3) 가입 일자

SNS의 가입 기간이 오래될수록 무의미한 계정인 경우가 많다. 즉 가입 기간이 짧은 계정에서 이곳에 활동하는 이유를 찾을 수 있다. 다만 기존 계정을 그대로 활용하기도 하므로 면밀히 살펴봐야 한다.

4) 글의 양

글을 많이 올렸는지, 꾸준히 올렸는지는 중요한 것이 아니다. 글 하나만으로도 위험성이 판단된다.

5) 글의 성격

글 자체가 아주 차분하면서 적막함이 있다. 시끄럽지 않고, 소란하지도 않다. 만약 "저 지금 뛰어내립니다."라는 글이 있다고 가정해 보자. 진부터 씨온 글이 차분하면서도 극단적인 내용인 세성과 쑥 일상적인 글을 적다가 죽는다는 이야기를 언급한 계정 중 어떤 쪽이 자살할 가능성이 큰가? 여기에서는 죽는다는 내용이 있는 후자의 계정이 더 가능성이 높아 보일 수 있는데, 전자의 계정이 더 위험한 상황일 수 있다. 왜냐면 실제로 "죽는다.", "죽을 것."이라고 반복하는 사람은 죽는다는 생각만 가지고 있을 뿐 죽을 의지는 약한 경우가 많다[5]. 그런데 평소에도 우울증과 같은 증상을 보이고 차분히 글을 적으면서 서서히 죽음을 맞이하는 듯한 모습을 보이는 경우는 다르다.

며칠간 글을 쓰지 않다가 느닷없이 이별을 알리는 글이나 유서를 쓴 경우, 그것은 주변 정리를 하면서 자신만의 시간을 가지기 위해 SNS 접속을 줄인 경우이다. 이것은 자살할 청소년들의 행동에서 알 수 있는데, 꾸준히 글을 쓰던 청소년이 어느 순간 SNS에 글을 쓰는 걸 멈추고 며칠 뒤 느닷없이 마지막을 알리는 글을 남긴다. 죽을 준비를 비롯해 마음의 정리와 주변 정리를 하는 시간을 가진 것이라 생각된다.

청소년 중 일부는 극도의 흥분 상태에서 죽음을 묘사하기도 한다. 그런데 극도로 흥분한 상태로 죽겠다 결심한 사람은 글을 쓰기 전에 결행을 해버리지, 그것을 글로 표현하지 않는다. 결국 매우 흥분한 상태에서 죽음을 글로 묘사하는 청소년은 실제 결행 의지는 크지 않은 편이다.

6) 사진과 동영상에서 느껴지는 감각

사진과 영상이 있느냐 없느냐는 중요하지 않다. 다만 그것이 있다

---

[5] 청소년들의 공간을 감시해본바, 고의적 자살을 암시하는 경우도 있다. 자퇴를 하고 싶어서, 전학 가고 싶어서, 부모와의 갈등을 해소하기 위해서, 주위에 관심을 받고 싶어서 등등.

면 어떠한 사진을 올리는지(배경 등을 통해서 그 사진에서 풍기는 느낌), 영상은 어떤 것인지를 확인하면서 적은 글과 함께 그의 심리 상태를 짐작해야 한다.

7) 주로 글을 쓰는 시간

자살을 암시하는 글은 낮과 밤을 가리지 않는다. 그래도 낮보다는 밤 10시에서 새벽 2시 사이에 많이 등장하는 편이다. 이 시간대에 감시하다 보면 수많은 죽음의 글이 확인된다. 칼로 팔을 깊게 파헤치며 자해한 사람, 여러 알의 약을 한 번에 털어먹고 자려는 사람, 아파트 옥상을 인증하면서 뛰어내릴까 말까 고민하는 글을 적는 사람, 목을 조르고 있는 사람, 주사기로 피를 뽑아서 사혈 하는 사람, 죽고 싶다는 표현을 극단적으로 표현하는 사람 등이 있다. 그래서 집중 감시는 주로 밤 10시부터 새벽 2시 사이에 해야 한다.

8) 사친 수

사친 수가 상당히 많은 경우에는 자살할 위험이 상대적으로 낮다. 왜냐면 자살을 준비하는 계정은 사친을 위해서 글을 쓰기보다는 자신만을 위해서 글을 쓰기 때문이다. 즉, 사친 수가 적은데 글의 양이 많을수록 위험하다. 그리고 그 계정 속에는 사살하려는 나양한 이유가 들어 있다.

9) 해시값 사용 여부

해시값을 사용하는 것은 남들에게 보여주기 위함이다. 즉 관련 검색어를 통해서 자신의 글이 노출되도록 하려는 것이다. 해시값을 계속 사용하면서 사친 외 다른 사람들도 쉽게 검색이 가능하도록 한 계정이라면 자살의 가능성은 떨어진다. 왜냐면 이미 다른 사람들에게 노출된 계정이기 때문이다. 보통은 유서, 자살 등을 해시값으로 설정해 알리는 경우는 다른 해시값을 사용하지 않는 닫힌 계정인 경우가 많다.

10) 계정의 공개 여부

비공개 계정에서 자살 암시 글이 보이는 것이 가장 위험하다. 공개 계정은 남들에게 들킬 수 있으나, 비공개계정은 이미 연결된 사친 이외에는 볼 수 없기 때문이다.

11) 정보의 노출성 최소화

우울계와 자해계는 사친으로 연결된 계정이 많고 자신의 정보를 노출하지 않는다. 일일이 과거의 글을 확인하다 보면 이름, 학교, 생일을 알아내거나, 사진과 영상 속에 보이는 것을 통해 계정 주인의 정보를 특정하기도 한다.

하지만 자살 신고 중 계정 주인을 특정한 상태에서 신고할 수 있는 건 상당히 적은 편이다. 그만큼 자신이 누구인가를 사친에게 공개하지 않아서이다.

V.
글의 분석을 통한 구조 사례

1.
감시 대상

2019년 11월부터 2020년 2월 중순까지 집중적으로 감시를 했다. 그 결과 약 100여 명을 신고했다. 그중에는 집중 감시를 시작하기 2일 전에 사망한 경우도 있었고, 신고하기 불과 몇 시간 전에 사망한 경우도 있었다.

여기에서 감시 대상자는 우울계, 자해계 중에서 비공개 계정과 공개 계정, 앞계정(선계정), 뒷계정(후계정) 사용자이다. 특히 유서 및 이별을 예고한 흔적을 집중적으로 탐색했다.

감시 대상은 '사진, 영상 등에서 우울 현상을 보이는지', '다른 우울계 친구와 죽음에 대한 생각을 공유하고 그 생각에 공감하는지', '죽음에 대한 확신이 있는' 계정을 위주로 선발했다. '죽을 수 있을까?' 같은 내용을 다룬 계정은 상대적으로 위험도가 낮다고 판단해 후순위로 두었다.

그렇게 뽑은 감시 대상 중에서 죽음과 관련된 글을 종종 적는 사람, 무언가 공허함이 있는 것 같은 사람을 다시 선별했다. 특히 타인과 공감하고 소통하기보다는 자신이 평소 가지고 있던 생각을 글로 표현하고 있는 사람, 마음의 정리를 하면서 모든 것을 내려놓은 듯한 사람, 유서를 작성한 자, 이별을 알리는 자를 위주로 감시를 진행했다.

죽음을 습관적으로 묘사하는 자, 죽음과 삶에서 감정기복을 크게 보이는 자, 관심을 받고 싶어 하는 자, 자해를 통해서 죽음의 희열만을 느끼는 자, 자살 예정일을 설정했지만 정작 죽음을 준비한 흔적이 없는 자, 청소년이 아닌 성인은 모두 제외했다.

감시 대상	감시 제외 대상
명백히 유서로 볼 수 있는 글을 올린 자	죽음에 대한 내용을 과거부터 반복해서 다룬 자
자살 예정일에 실제로 행동할 것 같은 자	자살 예정일이 수시로 변경된 자
죽을 것이라는 확신이 있는 자	자살 방법만 이야기할 뿐, 행동은 보이지 않는 자
마지막 인사를 한 자	수시로 이별을 알리는 자
자기만의 표현으로 죽음에 대한 글을 적은 자	과격한 글을 가감없이 쓰는 자
비공개 계정이라 친구 수가 적은데도 날마다 이별을 예고하는 자	공개 계정으로 친구 수가 상당히 많고 자기의 감정기복을 크게 보이는 자

[감시대상자와 제외대상자의 구분]

구조 사례의 내용은 독자의 편의를 위해 되도록 짧게 기재했다. 하지만 이들을 신고해서 구조하기까지 짧게는 몇 시간 길게는 며칠 동안 감시를 이어갔다. 잠도 제대로 청하지 못하고 말이다.

2.
구조 사례

1) 이미 숨진 이의 글 발견

SNS 글을 수시로 확인해야 하는 이유

SNS에는 수많은 글이 실시간으로 올라오는데, 보통은 최근에 작성한 것만 노출된다. 나중에 적은 글은 뒤늦게 확인하게 되거나 아예 노출이 되지 않는다. 그래서 자살 암시 글을 뒤늦게 발견할 경우 더 이상 글이 올라오지 않거나(이미 사망한 것으로 추정), 사망 소식을 알리는 글이 올라온다.

   누군가 적은 유서가 발견되었다. 유서를 적은 계정에 들어가서 내용을 확인해보았는데, 유서를 적고 얼마 지나지 않아 친구가 계정 주인에 대한 글을 남겼다.

죽음을 암시한 이후에 글이 없으면

죽음을 암시한 글을 적은 이후 더 이상 글을 쓰지 않는 계정이 있다. 상당수는 이미 세상을 등진 계정 주인이 남긴 흔적일 가능성이 높다. 하루 전에 작성한 글이라면 혹시나 싶어서 신고를 하는데, 글이 작성된 지 며칠이 지난 상태이고 아무런 응답이 없다면 신고해도 의미는 별로 없다.

유서를 작성한 이의 친구로 보이는 이가 아래와 같이 SNS에 적은 것을 찾을 수 있었다. 내용을 보니 유서를 작성한 이는 이미 세상을 떠난 상태였다.

> 친구가 다른 분은 열심히 살라고 했어요. 여러분은 제 친구의 선택을 따라 하지 마세요. (중략) 미안해. 행복하기를 바란다.

[사망자의 친구가 게시한 글]

사친의 심경 변화가 있을 것으로 보여 집중 감시를 시작했다. 그러자 어느 사친이 "죽기 전에 질문 하나만 할게요. 나, 죽어도 기억해줄 건가요?"라는 글을 올렸다.

죽음에 대해서 사친들에게 질문을 하다

죽음을 생각하는 사람 중 팔로우 한 사친들에게 여러 가지 질문을 하는 이가 있다. 죽으려고 하는데 응원해줄 것인지, 이번에는 죽을 수 있는지, 자신이 언제 죽어야 하는지 등에 대한 것을 말이다.

그리고 이런 질문에 많은 사친이 죽어도 된다고 응답하면 더 죽음에 집착하고, 반대로 죽으면 안 된다는 대답이 많다면 용기를 내 삶을 이어가려고 한다.

그런데 이러한 질문이 나오면 삶의 희망을 주기보다는 자살을 응원하는 글이 더 많다. 답변 여하에 따라 질문자의 생사가 결정되는 만큼 삶의 의지를 북돋아줘야 하는데, 현실적으로는 그렇지 않다.

왜냐하면 SNS에서는 비슷한 성향의 사람들이 모이기 때문이다. 또한 사람의 죽음을 쉽게 생각하는 경향이 짙어지고 있는 세태도 영향을 미치고 있다.

그래서인지 '얼마나 힘들었으면 죽으려고 할까?'라는 생각을 하면서 질문자의 생각에 공감하는 사람들도 있다.

그 외에도 "목에 줄을 감았는데 엄마가 방에 들어 와서 죽지 못해서 아쉬우니 내일 다시 시도 한다."는 글이 있었다. 이 글은 작성자가 다시 시도하겠다고 말한 당일 발견해서 경찰에 신고했는데, 순차적으로 죽음을 계획하는 내용의 글을 비롯해 구체적인 자살 방법과 일자를 게재한 것을 발견했다. 또한 수차례나 자살을 시도한 것이 확인되었다.

그날 만약 해당 청소년의 글을 발견하지 못했다면, 그의 죽음을 막지 못했을 가능성이 높았다. 죽지 못해 아쉽다는 표현을 보면, 죽음의 희열을 알게 된 것 같기 때문이다.

 # 죽음의 희열

자살을 시도했는데 실패한 경우, 재시도까지는 오랜 시간이 걸리지 않는다. 왜냐하면 이미 죽음에 이르기 바로 직전 단계까지 갔다가 실패해서 죽음의 희열을 느꼈기 때문이다.

실제로 동반 자살을 기도한 성인 중 한 명이 약 기운이 빨리 떨어져서 실패했을 때 이렇게 말했다.
"아쉽다. 죽을 수 있었는데. 거의 다 끝났는데."
그리고 그 성인은 다음날에 숨진 채 발견되었다.
이렇듯 자살을 한 번 시도해 본 사람은 지체 없이 재시도를 하는데, 그것은 죽음의 희열(죽음의 맛)을 맛보았기 때문이다.

---

2) 마지막 인사 글 발견

회사에 출근하려고 운전을 하던 중 잠시 SNS를 감시했다. "오늘 가려는데 마지막 인사를 하러 왔다."라는 글이 눈에 띄어 인근에 차량을 세우고 그가 적은 글을 확인해보았다. 글쓴이는 천천히 죽음을 계획했고, 자신의 고통을 글로 표현하고 있었으며, 그 글은 마지막 이별을 의미한 전형적인 죽음을 암시한 글이었다.

글을 분석해보니 결행 직전에 남긴 마지막 글로 판단되어 경찰에 신고했다.

※ 한심해서 죽고 싶어서 미치겠어.
※ 버티기 힘든데 새벽에 죽을까?
※ 정말 죽고 싶어, 집이 가장 힘든 것 알까? 내가 왜 죽고 싶어 하고, 왜 그 러지는지도 모르는데 어떻게 알겠어.

[대상자가 SNS에 남긴 흔적]

경찰은 통신 수사를 통해 특정하고 있었고, 그 사이 저자는 대상자의 동향을 실시간으로 파악하면서 혹시 변동 상황이 있지는 않은가를(변심 여부) 유심히 살펴보았다. 그런데 신고하고 얼마 지나지 않아 다른 글이 올라왔다.

"미안해."

대상자는 그 글을 메인으로 설정해 놓았다.

메인 글

SNS에서는 오래 전에 적은 글은 밑으로 내려가고 최근에 적은 글이 최상위에 노출된다. 그래서 자신을 보여주기 위한 내용이나 중요하다고 생각되는 글을 '메인 글'로 설정하는데, 그래서인지 자살을 예고하는 유서나 이별의 글을 메인 글로 올려 사친들에게 알린다.

이처럼 메인 글은 계정의 주인이 가장 중요하다고 생각하는 글이므로 그것이 유서, 이별을 알리는 메시지라면 그가 그동안 적은 글을 통해 그 글이 올라온 이유를 알 수 있다.

처음 발견한 글은 결행을 예고하는 것이었고, 두 번째로 올라온 글은 마지막 인사였다. 즉, 이제 결행하겠다는 뜻의 메시지였다.

보통은 이렇게 마지막 인사를 남기고 얼마 지나지 않아 실행한다. 지금 옥상이라면 곧 결행할 것이고, 학교에 가는 길이라면 수업 전후에 예행연습을 한 장소로 이동 중일 것이다.

잠시 후 경찰에게서 연락이 왔다. 이것만으로는 대상자 특정이 어렵다고 했다. 그래서 그가 지금까지 팔로우한 친구 전체를 모니터링을 했는데, 같은 학교로 추정되는 사람이 있었다. 그에게 구체적으로는 말하지 못하고 "친구로 등록된 사람이 도움을 받아야 하니 연락을 해달라."라고 부탁했다. 그런데 "아니 그걸 왜 저한테서 부탁하시는데요?"라는 말로 단호히 거절당했다.

그렇다고 해서 포기할 수는 없었다. 청소년의 경우 죽음을 행동으로 옮기려고 하는 날 마지막으로 보고 싶은 사람을 보고 떠나는 경우가 많고, 그 대상은 보통은 친구이다.

그러던 중 어떤 청소년이 해당 학생을 걱정하는 메시지를 남겼다. 그 역시 우울증이 있는 학생이었다. 간신히 글을 올린 사람과 대화를 시도했다. 그리고 그에게 아직 대상자가 살아있을 수 있으니 살려보자고 했다. 다행히 댓글을 단 청소년은 얼마 전에 대상자와 통화를 한 직이 있다면서 통화 목록을 찾아보겠다고 했다. 그 후 그 청소년은 자살하려고 하는 학생의 휴대폰 번호를 알려주었고, 저자는 그것을 즉시 경찰에 대상자를 특정한 뒤 구조할 수 있었다.

구조 후, 대상자의 부모가 당황해서인지 신고인과 통화하기를 원했다. 나는 그동안 있었던 일을 모두 말했다.

"간신히 특정해서 구조한 아이이다. 차근차근 죽음을 준비했고, 유서를 작성했다. 그러니 아이를 잘 챙겨주시기 바란다."

그러자 대상자의 부모가 "일 때문에 옆에 계속 붙어 있을 수 없는데 걱정이다."라는 답변을 하는 게 아닌가? 최대한 자녀를 챙겨보겠다는 답변을 기대했던 저자는 순간 자신의 귀를 의심했다.

사실, 청소년 자살을 신고해서 구조한 뒤 그 청소년의 부모와 통화할 때면 답답할 때가 많았다. "내 자식이 그럴 리 없다."라고 말하는 부모, 경찰이 오자 당황해서 한동안 멍하니 있는 부모, 자살을 시도한 자녀를 보면서도 '잠깐 힘든 일이 있었나 보다' 하면서 대수롭지 않게 생각 하는 부모도 있었다.

부모의 어리석음이 자녀를 죽음으로 방치

청소년은 특별한 도구 없이 삶을 마감하려 한다. 즉 흔적 없는 죽음을 준비하는 경우가 많다는 것이다. 그래서 경찰이 부모에게 말하면 부모는 자녀의 안전을 최우선으로 해서 곁에 있어 주고, 자살 예방기관 및 정신과 상담을 통해서 자녀의 내면에서 어떤 문제가 있는지 알아내야 한다.
그럼에도 불구하고 자녀가 자살을 시도했다는 사실을 심각하게 생각하지 않는 부모가 많았다. 이는 자살 이외의 목적으로 글을 적었다고 말하거나(호기심, 장난등) 명의가 도용된 것이라는 등 자녀가 그 상황을 모면하기 위해 지어낸 말을 그대로 믿어버리기 때문이다.
만약 자녀가 자살을 시도한 경우, 자녀의 말을 절대로 믿지 말고 아이의 내면에서 자살 충동을 일으키는 문제가 있는지, 있다면 무엇인지를 찾아내야 한다.

구조 이후 사후 관리를 해보았다. 그런데 더 황당한 일이 생겼다. 그 학생은 보호받기는커녕 그대로 방치된 듯했다. 해당 학생은 신고에 격분하면서 "죽지 못했는데, 신고한 사람이 누구냐."라는 식의 글을 적었다.

그 학생의 전화번호를 알려준 친구는 자책했고, 고통스러운 행동을 보이기도 했다.

이렇게 부모가 사후 관리를 잘못하면서 결국 자신의 자녀는 물론, 자녀를 도와준 청소년까지 상처를 받고 말았다.

자살을 시도한 청소년의 재시도를 막기 위해선

위 사례에서처럼 자녀의 자살 시도가 일시적인 일일 뿐이라고 생각하거나 바쁘다는 이유로 방치하는 부모가 많다. 이런 부모의 무관심과 방치 속에서 청소년 자살률이 올라가고 있다. 부모의 무관심이 자녀를 죽음으로 몰고 갈 수 있음을 반드시 기억해야 한다.

만약 자녀가 죽음을 암시하는 말을 부모에게 직접 한 경우 자녀에게 지속적으로 관심을 가져야 하며, 그것이 어려우면 주변의 도움을 받아야 자녀의 자살을 막을 수 있다.

---

3) 죽을 날을 정하고 계획적으로 준비

대상자는 자신의 생일을 죽을 날로 지정했다. 그리고는 "제 생일 때 죽을 거예요. 제 장례식 때 와주실 분, 그리고 거기서 울지 않을 분들 오세요."라고 글을 올렸다. 며칠 뒤 대상자는 생일을 D-Day로 설정하고 "자살까지 5일"이라고 적었다.

자살 디데이의 관찰

청소년은 성인과 다르게 자살 디데이를 설정하는 경향이 있다. 자살 디데이는 '자살하기까지 남은 일자'를 말한다. 어떤 사람은 1년 전부터 설정하는데, 한 달 전부터 계획되는 것이 보통이다.

세상에서 가장 슬픈 청소년의 자살 실태 이야기

자살 디데이를 설정하고 난 후 죽음과 상관없는 글을 적으면 죽을 가능성이 적고, 디데이가 다가올수록 주변을 정리하거나 이별을 뜻하는 글이 올라오는 경우 죽을 가능성이 높다. 자살 디데이는 계정 자체, 계정 내의 자기소개글, 또는 업로드 하는 글에서 나타난다.

5일 뒤는 SNS에 표시된 대상자의 생일이었고, 죽음을 예고한 일자와 일치했다.

생일을 디데이로 잡는 이유

생일에 죽으려는 이유는 생일과 죽은 날이 일치하니 1년에 한 번만 자신을 생각하길 바라기 때문이다. 생일과 죽은 날이 다르면 1년에 기일과 생일 두 번에 걸쳐 자신을 떠올려야 하며, 이는 가족과 친구를 힘들게 하는 행위라고 여긴다.
생일에 죽으려는 사람은 계획적으로 죽음을 계획하는 것이 특징인데, 생일이 다가오기 직전에 이별을 알리는 의미심장한 글을 쓴다.

대상자가 적은 글에서 죽음을 준비한 흔적을 찾을 수 있었는데, 자신의 생일에 시도할 가능성이 매우 높았다.

※ 죽을까?
※ 눈뜨지 않기를 바라면서 죽기 전까지 고통스럽게 살 거야.
※ 괜찮은 척하는 것 힘들어. 죽고 싶어.
※ 사친들 두고 갈 수 있을까.
※ 여러분들이 많이 보고 싶을 거예요. 그래도 세상은 아름다우니 당신들은 늦게 와요.
※ 단순히 공황장애 네 글자로 간단히 애기하며 정신병 있냐며 장난으로 말하는 사람은 싫어.

[대상자가 SNS에 남긴 흔적]

경찰에 신고했다. 구조 이후 사후 관리를 해보았다. 구조 직후에는

"경찰과 어른들이 이러한 환경을 만든 건데, 죄책감은 들고 반성은 하나요?"라는 공격적인 글이 올라왔는데, 며칠 후에는 "주위에 있는 사람이 저에게 용기를 주시고 힘내라고 응원해줘서 살고 있습니다."라는 글이 올라왔다.

 # 경찰을 거부하는 이유

청소년은 신고 후 경찰이 찾아오는 것에 상당한 거부감을 가진다. 자신이 힘들 때는 도움을 주지 않다가 죽으려고 하니까 경찰이 등장해 살라고 격려를 하는 것이 도무지 이해되지 않는다는 반응을 보인다. 그리고 경찰이라는 직업이 범죄를 예방하고 범인을 잡는 직업이어서 그들에게 쉽게 와 닿지 않는 것도 있다.

대상자가 구조 직후 언급한 "어른들이 청소년을 자살하게 만든 것인데 반성은 하냐?"라는 말을 잘 생각해 보자. 청소년이 삶을 마감한 후 발견된 글을 보면 대부분 "살고 싶다."고 말한다. 즉 살고 싶은데 죽어야 한다는 이야기이다. 그리고 그들이 죽음을 선택하는 원인은 어른들에게 있음을 말한다. 어른들이 청소년의 감정을 이해하고 공감하며, 사랑과 관심을 주었으면 살 수 있을 텐데 그러지 않음에 대한 아쉬움을 표현하는 것이다.

이렇듯 한번쯤은 부모가 자녀를 이해하거나 공감하는지 생각해보고, 스스로의 행동을 반성하는 시간을 지녀야 한다. 그러면 청소년들이 소중한 생명을 버리는 일은 없을 것이다.

4) D-10 죽음 예행연습 마침

SNS에서 D-10이라는 글이 눈에 띄었다. 그 날은 해당 계정 주인의 생일이었다. 즉 생일에 죽음을 맞이하기 위해서 준비한 것이다. 다른 흔적을 찾아보니 이미 예행연습까지 마친 것으로 보여서 신고했다.

※ 목을 조르니 눈이 안 보이네.
※ 다른 사람에게 더 이상 피해를 끼치기 싫어서 죽는다.
※ 나의 계획을 사람들이 아는 것도 피해를 끼치는 것이다.

[대상자가 SNS에 남긴 흔적]

5) 엄마에게 유서 쓴 글 발견

인스타그램(이하 인스타)은 정보를 제공받기 어려워서 대상자를 찾아내는 것이 쉽지 않다. 그래서 대상자가 적은 글과 사진에 특정 정보가 있는지 찾아보고, 그것으로도 부족하다면 해시값을 이용해서 올린 사진과 글에서 유추할만한 정보를 찾아내야 한다.

※ 여행 떠나기 전에 부모님께 사랑한다는 말도 한번 못 한 게 후회된다.
※ 평소에도 많이 사랑했어. 내가 표현 많이 못해서 미안해 쑥스러워서 그
　런 거야.
※ 이 글을 읽을 때쯤이면 나는 죽었을 것이다.
※ 나는 먼저 가는데 꼭 오래 살다가 나에게 와.

[대상자가 SNS에 남긴 흔적]

그럼에도 특정 정보가 없으면, 대상자와 친구로 연결된 사람들에게 일일이 대화를 시도하거나 친구를 맺고 그가 유서를 쓴 사실을 널리 알린다. 그래야만 대상자의 사친이나 실친 등 주변 사람들이 그의 자살을 알고서 막을 수 있다.

연예인은 인스타에서 동영상, 사진, 글, 친구들 간의 실시간 댓글, 영상 소개 등을 올리기 편해 일상에서 쉽게 사용하고 있다. 사람들은 자신이 쉽게 접하는 공간에 유서를 쓰는 경향이 강한데, 만약 해당 인물이 평소 접근하지 않는 곳에 글을 적으면 유서라고 단정할 수 없다.

유서를 쓴 즉시 확인할 수 있는 사람이 있는 반면, 뒤늦게 확인하게 되는 경우도 있다. 또는 그 사람의 마지막 글에 특별한 의미를 두지 않고 스쳐지나가기도 한다.

그의 마지막의 글이 유서라는 확신이 들지 않은 이상, 그의 글만으로는 자살을 암시하고 있다고 단정할 수는 없다.
그런데 평소에 쓰지 않은 단어를 포함하면서 "안녕.", "고마웠어."라는 말을 쓰거나, "나비 또는 새가 된다."는 글을 적어 삶을 포기하는 것을 연상케 하거나, 마지막을 알리는 듯한 글은 상황이 완전히 다르다.

이번 대상자는 특정 정보가 너무 부족해서 대상자와 연결되어 있는 친구들에게 위로를 해달라고 알렸다.

6) 특정 정보 부족으로 대상자의 사친에게 도움을 요청

이번 대상자는 2일 전, 인스타에 유서를 작성하고 자살 디데이를 설정했다. 그런데 아무리 인스타를 뒤져도 대상자를 특정할 수 있을 만한 정보를 찾아낼 수가 없었다.

※ 스트레스를 낳이 받아서 우울승이 심해졌어.
※ 내 손목에는 자해 흉터밖에 없어. 근데 어제 엄마한테 걸릴 뻔했어.
※ 이제 버틸 만큼 버텼어. 어쩌면 유서가 마지막이 될 것 같아.
※ 언니가 못 놀아줘서 미안해. 엄마랑 행복하고, 아프지 말고, 잘 지내. 안녕.

[대상자가 SNS에 남긴 흔적]

이 대상자를 살리기 위해서 선택한 것이, 바로 대상자의 모든 사친에게 메시지를 보내 대상자가 유서를 작성하고 자살하려고 하는 것을 알리는 방법이었다. 대상자 주변에서 죽지 말라고 말해줄 수 있는 사람들이었고, 그 방법을 제외하면 대상자의 자살을 막을 방법이 없었기 때문이다.

※ 가지 마, 언니. 어디가.
※ 조금만 견디자. 힘들어도 조금만 옆에 있어줘

[대상자의 SNS에 달린 댓글]

7) 가수지망생 유서 발견

인스타에서 유서가 발견되었다. 며칠 전부터 죽음과 관련된 글을 적고 있었다. 하지만 특정 정보 없어서 구조하는데 난항을 겪었다. 대상자가 그동안 적은 글과 사진을 보아도 특정할 수 있는 내용이 없었다.

그래서 관련 해시값을 모두 훑으며 유추해보니 가수지망생이라는 결론에 도달해 교습소 등을 찾아서 구조했다.

※ 엄마라는 사람 때문에 너무 죽고 싶다.
※ 아침에 일어났는데 진짜 죽고 싶을 정도로 우울했다.
※ 씻다가 내가 샴푸를 했는지 안 했는지 까먹어서 그 자리에서 울었다
※ 우울하다. 연습도하기 싫고 아무것도 하기 싫다.

[대상자가 SNS에 남긴 흔적]

이때 해당 교습소를 찾아내느라 전국 지도를 뒤지고, 대상자의 특정 정보와 사진이 일치하는지 알아내려고 다른SNS에서 일일이 관련성을 찾아보았다.

결국 대상자를 특정할 수 있었고, 경찰로부터 길거리에서 방황하고 있던 대상자를 찾아서 가족에게 안전하게 인계했다는 연락을 받았다.

 # 과거부터 현재까지의 흔적을 전부 분석하고 살펴야 한다

대상자가 SNS에 적은 글과 사진, 영상, 해시값, 계정 명, 대화명, 소개글 등지에서 다양한 특정 정보가 나온다. 그래서 매번 대상자가 지금까지 작성하고 올린 모든 것을 일일이 살피고 있다.

어떤 대상자는 수천 개의 글을 올린다. 그런 경우에도 과거부터 현재까지 올린 글을 확인해야만 다른 특정 정보를 얻을 수 있다. 만약 사진이 있으면 그것을 확대해 특색이 있는지도 확인해야 한다.
그런데 이것을 오랫동안 확인할 수 없다. 왜냐하면 구조의 골든타임이 있기 때문이다. 골든타임은 유서를 발견하고 약 1시간 이내이다.

---

8) 죽음을 준비한 글을 발견했으나 이미 사망

유서 작성한 것을 뒤늦게 확인했다. 대상자는 이미 사망한 뒤였고, 몇 시간이 지나 내상사의 선배로 보이는 이가 "세게 사신의 계성에 세상을 떠났다는 사실을 알려달라고 했어요. 그래서 이 계정은 그대로 남겨두려고 해요."라며 대상자의 뜻을 전달하고 대상자를 애도해 줄 것을 요청하는 글을 적었다.

위 사례에서 대상자의 유언은 "계정을 그대로 남겨 달라."라는 것이었다. 누군가에게 말하지 못한 것을 그동안 글로 작성하면서 사친들에게 위로받은 것을 간직하기 위해서 남기려고 한 것은 아닐까. 사실 자신의 죽음을 SNS에 적는 이유는, 나의 말동무와 친구가 바로 이곳에 있기 때문이다.

대상자가 적은 마지막 글에는 '첫 인상으로 인해 얻은 선입견과 그 꼬리표, 그로 인한 아픔'에 대한 내용이 적혀 있었다. 사실은 살고 싶었으나 사회로부터 받은 상처 때문에 자살을 결심했다는 대상자의 글이 마음에 사무친다.

※ 그냥 모든 게 사라졌으면 좋겠어. 아니, 차라리 날 사라지게 해줘.
※ 약을 먹고 다시 먹어도 아무것도 나아지지 않는다.
※ 수군거림만 생각하면, 마치 동물원의 동물을 보는 것 같은 그 시선만 생각하면 미칠 것 같다. 그걸 어떻게 긍정적으로 생각할 수 있을까.

[대상자가 SNS에 남긴 흔적]

죽고 싶어서 죽는 사람은 없다. 살고 싶은데 현실적으로 그럴 수 없어서 죽음을 선택하는 것이다.

살고 싶지만 죽을 수밖에 없는 이유가, 바로 현실이 자신을 알아주지 않아서가 아닐까. 열심히 노력해도 똑같은 일이 반복되는 것을 지켜볼 바에는 차라리 죽는 것이 편하다고 느껴서 이 길을 선택한 것은 아닐까.

실제로 자살하려고 하는 청소년과 이미 자살한 청소년들의 말은 거의 같다.

"죽고 싶은 사람이 어디 있냐?"

죽고 싶어서 죽는 것이 아니며, 살고 싶지만 도저히 살 수 없어서 죽는다. 누가 젊은 나이에 죽고 싶겠는가? 하지만 살려고 발버둥쳐도 부모에게 버림받거나, 외면당하거나, 자기 마음을 알아주는 사람이 없는 상황이라면, 성인이 될 때까지 살아갈 용기와 희망을 갖는 건 힘들 것이다.

9) "오늘 꼭 성공할게요." 암시 글 발견

이번 대상자는 자살 징후를 계속 보여서 특정 정보를 파악하는데 주력했다. 예상한대로 밤이 늦은 무렵에 자살암시 글을 올렸다.

> 미안해요. 자꾸 말만 죽는다고 하고 못 죽어서…. 오늘은 꼭 성공해볼게요. 응원해줘요. 죽을 수 있게 빌어줘요.

[대상자의 자살 암시 글]

대상자는 오늘밤은 버티기 힘들 것 같다면서 죽음을 암시하는 글을 적었다. 대상자는 여러 번 자살 징후를 보여 미리 특정 정보를 파악한 상태였기에 즉시 신고했다. 그 뒤에 대상자가 "죽지 못했다. 다시 돌아와서 미안하다."는 취지의 글을 적었다.

미안하다고 하는 이유

자살에 실패하면 주변 사람들에게 미안하다는 말을 한다. 자신이 죽지 못했다는 사실에 죄책감을 보이는 것이다.
이것은 자신의 죽음을 응원해준 사람들을 실망시켰다는 자책감, 자살에 성공하지 못하고 삶을 이어가게 된 자기 자신을 향한 죄책감, 오늘 죽는다는 글을 적었는데 약속을 지키지 못한 것에 대한 죄책감을 미안하다는 말로 표현한 것으로 보인다.

10) 수능 이후에 자살 암시 글 발견

수능이 끝난 후 자살을 감행하는 청소년이 있을 수 있기 때문에 수능을 본 청소년들을 집중적으로 감시했다. 그리고 예상대로 수능 직후 청소년이 결행했다는 뉴스가 보도되었다. 그리고 그 뉴스를 일일이 리트윗한 청소년의 흔적을 감시하다 자살을 시도하려는 대상자가 있는 것을 확인했다.

대상자는 수능을 못 본 것을 후회하고 있었는데, 이미 한 번 자살을 시도했다고 했다. 다시 자살을 시도하려고 비공개 계정 사용자와 대화를 나누고 있었다.

대상자는 동생이 눈에 너무 밟혀서 결행하기 힘들다며 결행을 망설이고 있었다. 이미 자살을 시도한 적이 있고, 이미 모든 준비를 마친 상태에서 망설임만 가지고 있는 상황이었다. 이 상태라면 거듭 시도할 것이 확실해 곧바로 경찰에 신고했다.

> ※ 줄을 묶었어요. 절대 풀리는 일은 없더라고요.
> ※ 가족과 관계는 좋은데 미래에 대한 두려움 때문에요.
> ※ 시도를 할 때마다 동생이 눈에 너무 밟혀서 힘들어요.

[대상자가 비공개 계정 유저와 대화한 내용]

이번 대상자를 통해 청소년에게 수능이 상당한 스트레스가 되고 있음을 알 수 있었다.

수능 본 이후 사람들의 반응은 다 다르다. 시험을 잘 보았다고 말을 하는 사람이 있는 반면, 원하는 학교에 들어가지 못하면 죽는다는 글도 여러 개 확인할 수 있다.

만약 자녀가 수능을 못 봤다면, 아이를 탓하는 대신 응원해주고 힘을 실어주어야 한다. 이것은 중간고사나 기말고사 등 다른 시험에서도 마찬가지이다.

어떤 학생은 시험이 끝나면 죽겠다는 계획을 세웠는데, 아무래도 성적에 대한 압박을 많이 받고 있는 듯했다.

"행복은 성적순이 아니다."라는 말이 있듯이, 가정의 행복은 자녀의 성적에 달려 있는 것이 아니라 자녀와 함께 생활하고 있는 것 자체라고 생각하는 시간을 가져보도록 하자.

11) "같이 뛰어내리실래요?" 동반자 모집 글 발견

> 정말 확실하게 마음 정하신 분만 쪽지 주셨으면 해요. 가까운 지역이었으면 하고, 성별을 가리지 않습니다. 투신할 계획이에요. 같이 뛰어내리실래요?"

[대상자가 비공개 계정으로 동반자를 모집하는 글]

이번은 비공개 계정이다. 비공개 계정 유저와 공개 계정 유저 사이에 자살을 암시하는 글이 발견되어서 확인해보았다. 공개 계정 유저가 비공개 계정 유저와 의견을 나누면 둘 중 공개 계정의 글만 노출된다. 그런데 공개 계정 유저는 죽을 사람이 아닌 듯 보였다. 그래서 그 비공개 계정의 주인이 누구인지, 정말 죽을 사람인지를 확인하려고 사친으로 연결했다. 그 후 대상자가 적은 글을 확인해보았는데, 구체적으로 며칠 뒤에 자살할 계획을 세운 상태였다.

성인은 공개 계정으로 동반자를 구하고, 뒤늦게 비공개 계정으로 전환한다. 그런데 청소년은 처음부터 비공개 계정으로 동반자를 구하면서 대화를 하는데, 이때 그의 글이 노출되지 않는 점과 이미 친구로 연결된 사람에게만 글이 노출된다는 장점을 이용하고 있다.

이러한 비공개 계정의 내용을 확인하려면 다른 동반자들과 자살 정보를 공유하고 있는지를 확인한 다음, 비공개 계정의 주인과 사친을 맺어야 한다. 이 과정에서 해당 계정의 주인이 친구로 승인해주지 않으면 더 이상 그 글의 진위를 확인할 수 없다.

그 비공개 계정의 주인이 누구인지 찾아보았다. 다행히 관련자가 특정되어서 사친으로 연결했다. 그런데 며칠 뒤에 결행할 것을 계획했고, 그것을 확인하자마자 대상자의 정보를 특정해서 경찰에 신고했다.

12) 가족 몰래 혼자 여행을 떠난다는 글 발견

대상자는 "가족 몰래 여행을 떠난다."는 글을 적었다. 그냥 보면 특별히 문제될만한 암시 글이 아니다. 그런데 의미를 깊게 살펴보면 그것은 죽음으로 가는 여행이다. 가족들에게 알리지 않고 먼 곳으로 여행을 떠난다는 것, 즉 자살을 시도한다는 글이었다. 결행일은 토요일.

대상자의 글에 보면 "울고 화내고 싶을 때 누구하나 간섭하지 않는 곳, 그리고 더 이상 먹지 않아도 되는 곳."이라 적었는데, 그런 곳은 죽음 이후의 세계 밖에 없다.

대상자가 죽을 날이라고 지정한 토요일은 바로 내일이었다. 글에서 눈에 띄는 것이 있었다. 목을 자르고 싶다는 말이었다. 실제로 이러한 사람이 끝내 숨진 채 발견되기도 하는데, 자살을 결행하는 사람 중 첫 번째 방법으로 실패할 것을 염두에 두고 미리 추가적인 도구를 준비하기도 한다. 그래서 이런 글은 단순히 볼 사안이 아니다.

대상자가 지금까지 적은 글을 보니 자살을 시도한 흔적도 있었고, 특히 "스스로 칼을 들고 인생의 마지막을 장식할 것."이라는 글 눈에 띄었다.

대상자는 삶이 너무 힘들어서 부모님에게 말을 했는데, 정작 부모님은 듣는 척도 하지 않았다고 한다. 부모님에게 우울증인 것 같다고 말했더니 "네가 우울증이면 다른 사람은 뭐냐?"라는 식의 답변을 받아 더 심해졌다고 한다. 그렇게 삶의 의지를 잃어버렸고, 의지할 사람 없이 혼자서 힘든 삶을 보내온 것으로 보인다

청소년이 죽는 이유

청소년은 죽고 싶어서 죽는 것은 아니다. 살고 싶다고 소리를 지르는데 누구도 자신의 목소리를 들어주지 않고, 대답하더라도 도움이 되지 않는 응답만 돌아오니 더 이상 소리 낼 수 없어서 그 길을 가는 것이다.

청소년이 "저 힘들어요."라는 말을 하면 과연 무엇이 그토록 그를 힘들게 하는지 그 원인을 찾고 그것이 해결될 수 있도록 힘을 주거나 보탬이 되어야 하는데 현실은 그렇지 않다. 누구 한 사람이라도 그의 목소리를 들어주고 이해해주었으면 이렇게 죽음을 재촉하지는 않았을 것이다.

청소년은 자신의 우울증을 부모에게는 알린다. 하지만 이를 심각

하게 받아들여야 하는 부모는 별로 중요하지 않다는 듯 넘겨버린다. 그것이 반복되면 청소년이 목소리를 낼 수 있는 곳이 없어지고, 누구에게 기댈 수 있다는 희망마저 잃어버리게 된다. 그 결과 우울증은 서서히 심해지고, 혼자서 답을 내린다. 그것이 바로 '자살'이다. 어떤 청소년은 "엄마에게 우울증을 말했는데 무시당했어. 혼자서 정신병원에 가야 하는데 병원비가 없어요. 그래서 자살하려고요"라는 글을 적기도 했다.

13) "장례식은 해줄까?"라는 글 발견

청소년의 자살은 두 가지 경우가 있는데, 죽을 날을 미리 정해놓고 죽음을 준비하는 경우와 충동적으로 저지르는 경우이다. SNS를 통해서 죽음을 알리는 사람은 대체로 전자인 경우가 많다.

반면 심경에 극도의 변화가 생기면서 갑작스럽게 생을 마감하는 경우는 극도로 감정적일 때인 경우가 많다. 우울증도 없는 청소년이 부모에게 꾸중을 듣자 홧김에 몰래 결행하는 것을 예로 들 수 있다. 이런 경우는 자살 징후를 찾을 수 없어서 그 죽음에 의문점을 보인다.

죽음이 앞에 다가오니 무섭기는 하다.
장례식은 해줄까?

[대상자의 자살 암시 글]

이번 자살 암시 글을 적은 대상자는 이미 두 달 전부터 자살 디데이를 설정하고 주변 정리를 했다. 그는 마지막1주일을 남겨놓고 디데이를 기다리고 있었다. 6일이 지나면 바로 디데이로, 죽음을 맞이하는 날이었다. 시간이 지나면 실행을 미루거나, 마음을 돌릴 수 있다는 생각도 들었으나, 디데이를 설정하면서 차근차근히 죽음을 준비하는 행동을 보였고 SNS에도 죽음을 두려워하면서도 피하고자 하는 느낌은 없었기에 실행할 확률은 높아보였다.

> **# 실행률이 높은 경우**
>
> 이미 죽을 날을 정하고 착실히 준비하는 모습을 보인 이가 디데이가 가까워질수록 망설임을 보인다면, 그는 자신이 정한 디데이를 죽을 날이라고 확고하게 인식하고 있는 것이다. 만약 그렇게 죽을 날을 인식하고 있는 대상자가 과거에서부터 죽음을 착실히 준비해왔다면 실행률은 매우 높다고 볼 수 있다.
>
> 때문에 디데이를 설정한 대상자의 SNS를 감시할 때는 시간 순서에 따라 대상자의 글을 훑어보고 죽음을 준비한 흔적이 얼마나 있는지 확인하며 실행률을 측정해야 한다.

14) 목에 줄을 감은 모습을 실시간 영상으로 올린 글 발견

대상자는 이미 극단적 선택을 한 사친 언니의 소식으로 인해 매우 힘들어했다. 밤 늦은 시간에 실시간 영상을 올리면서 친구에 대한 그리움을 행동과 말로 표현했다.

방에서 미리 준비한 밧줄로 목을 감아 조이면서 울먹인다. 왜 먼저 갔냐며, 언니를 향한 그리움을 말했다. 마치 자살을 시도하듯이 말이다.

> 제발 죽길 기도해줘.
> 나 오늘 떠날까요?

[대상자가 SNS에 남긴 흔적]

대상자는 고통을 참으면서 용기를 내서 지금 떠나고 싶다는 말을 했다. 그런데 지금 죽는 것은 또 겁난다는 뉘앙스의 말이 이어서 튀어나왔다.

대상자가 "오늘 죽을까?"라는 글을 적자 사친들이 대상자를 걱정되는 것인지 대상자를 말리는 글을 적었다.

> ※ 언니, 나 언니 있는 곳으로 가면 안 돼?
> ※ 언니 곁으로 보내줘. 내가 언니랑 그때 같이 가는 게 맞았어.
> ※ 왜, 왜 떠났냐고. 나랑 같이 있어주지!

[대상자가 SNS에 남긴 흔적]

대상자의 흔적을 보니 심적인 고통이 얼마나 큰지 알 수 있다. 언니를 향한 그리움이 대상자를 죽음으로 몰아세우고 있었다.

그가 밤늦은 시간마다 교사 자해 행위를 반복한다는 걸 알게 되었고, 그 결과 생명을 잃을 수 있다는 판단에 신고했다.

15) "시신은 무연고로 처리해줘." 글 발견

대상자는 "알바 면접보고 합격했는데 이제 곧 떠난다."라는 글을 적었다. 그의 흔적을 보니 사친들에게 오래 전부터 정한 죽음이라는 말을 하면서 죽는 방법과 함께 자신의 시신은 무연고자 처리를 해달라는 유서까지 적었고, 마지막 인사까지 마쳤다.

저자는 글이 올라온 지 2시간 여가 지난 뒤에야 발견했다. 글 중에는 "어쩌면 저는 이미 죽었을지도 모르겠어요."라며 누군가 이 글을 봤을 때는 이미 자살을 결행했을 것이라는 의미를 담은 말도 있었다.

또한 결행 직전에 올린 글에는 "내가 자살하는 날은 엄청 기쁜 날이야. 두렵지 않아요. 무섭지도 않아요."라면서 결행할 의지로 가득한 모습을 보였다.

그나마 그의 사진 중 어느 가게에서 끊은 영수증이 있어서 지역이 어디인지 특정한 다음 신고할 수 있었다.

 # 유서와 마지막 인사의 차이는 무엇인가

유서는 '적은 글을 그대로 이행해달라는 것'이다. 예를 들어 유서에 "내 시신은 화장해서 바다에 뿌려줘."라고 적으면 말 그대로 화장해줄 것을 부탁하는 내용인 것이다.

반면 인사는 '자신의 마음을 비우고 마지막을 알리는 것'이다. 예를 들어 "안녕, 잘 있어."라고 누군가 SNS에 적었다면 해당 글을 올린 대상자는 이미 마음의 정리를 끝내고 이제 곧 결행할 것이라는 사실을 알리고 있다고 보는 것이다.

VI.
대화를 통한 구체적인 구조 사례

1.
구조 성공 사례

1) 학교폭력으로 회부되면서

그날 어떤 분이 오후 2시경(낮) 나무에 줄을 걸어 놓은 것을 인증했다.

"담배 한 대를 태우고 갑니다."

곧 죽는다는 마지막 메시지였다. 그에게 남은 시간은 넉넉잡아 10분도 되지 않는데, 그에 대한 정보가 없어서 살릴 길이 막막했다. 그래도 그를 이대로 떠날 보낼 수 없었다. 그가 인증한 사진에서 불빛이 보여 그곳의 위치를 말하지 않을까 싶어 말을 걸어보았다.

"어디 길래 저리 훤해요? 산이."

"○○산 등산로. 입구 플래시."

○○산은 ○○에 있는데, 그의 동선을 역으로 확인해 보니 낮에는 ○○에 있었던 흔적이 발견되었다. 즉시 경찰에 해당 장소로 출동해 줄 것을 요청했고 현장을 수색하는 중에 성인을 발견했다[6].

---

[6] 성인의 자살구조 및 숨진사례에 따른 자살 동기 및 예방법은 다음에 책을 쓸 때 상세히 다루기로 한다.

마지막 인증사진

성인의 경우 마지막 인증사진을 올리는 경우가 있다. 자신의 죽음을 널리 알리기 위해서다. 그 인증사진을 통해 죽을 장소나 시간, 죽는 방법 등을 알아낼 수 있다. 하지만 인증사진이 있어도 죽을 장소조차 특정하지 못하는 경우도 많다.

그렇게 해서 새벽에 한명의 성인을 구했다. 성인을 살리면서 나름 피곤함이 밀려왔다. 하지만 쉴 수는 없었다. 어떤 청소년이 자살을 결심한 것 같아서 그 학생의 행적을 일일이 보고 있었기 때문이다.

누구를 먼저 구해야 할까?

자살 위험군에 있는 이들을 살펴보고 있는데 감시 대상자가 다수인 경우, 누구부터 살릴지 우선순위를 정해야 한다. 보통은 ① 죽을 날짜가 빠른 사람 ② 청소년 ③ 동반 자살 그룹 ④ 구조하면 삶의 의지를 되찾을 수 있는 사람 ⑤ 자살을 결행할 의지가 확고한 사람을 먼저 구조한다.

그 학생은 이른 시간에 "남자, 여자 상관없이 미성년자만 톡 주세요."라면서 다른 SNS 연락망을 공개했다.

청소년이 사용하는 SNS 본 계정과 부계정

청소년은 동반자살 할 사람을 구할 때 기존 계정보다는 부계정을 활용한다. 그리고 그 부계정은 최근에 신규가입하는 경우가 많다. 그래서 최근에 가입된 부계정에 그런 글이 올라왔다면 주의 깊게 살펴야 한다.
단독 자살을 하는 경우도 죽을 방법, 수단, 재료 수급을 위해 부계정을 사용하며, 이 경우 부계정을 비공개로 전환하고 자살 정보를 공유한 사람과 긴밀히 대화를 하면서 다양한 자살 정보를 수집한다.

이 글을 남긴 이유를 확인하기 위해 해당 글을 분석해 보았다.

원문	분석
남자, 여자 상관없이	이성의 문제가 아닌, 사정을 말하려는 의도이다.
미성년자만 톡 주세요.	미성년자이다.

[글의 구체적인 분석]

성별은 무관하다는 말은 이성에 대한 고민이 아니라는 뜻이다. 만일에 이성에 대한 고민이라면 "남자만, 여자만"이라는 표현을 사용했을 것이다. 남녀 구분 없이 미성년자만 찾은 것은 "같은 미성년자의 입장에서 내 말을 들어 달라."는 것이다. 그리고 적은 글과 가입 시기, 해시 값을 통해 무슨 의도로 글을 적었는지, 연령대는 어느 정도인지 추정해야 한다.

청소년의 SNS를 살펴볼 때 주의할 점

청소년의 자살을 신고할 때는 신중해야 한다. 막연한 글로 신고할 수 없을뿐더러, 그 의도가 '죽음의 메시지'로 보인다 해도 확실하게 죽음을 결심했는지, 구체적인 계획은 있는지, 죽을 날은 정했는지 등의 진위를 확인해야만 한다. 만약 이런 구분을 하지 않으면 청소년이 적은 글의 의도를 오해해 혼동할 수 있다.

늦은 새벽에 어떤 말을 하고 싶었는지 알고자 대화를 시도했다. 글을 적은 이는 본인이 미성년자라고 밝혔으므로 아주 어린 나이로 추정했다.

청소년과의 대화법

청소년과 대화하기 위해서는 먼저 마음의 문을 열어야 한다. 때문에 자살을 하려는 청소년에게 다가갈 때는 "왜 죽으려 하느냐."라는 질문을 하기 전에 청소년이 가지고 있는 응어리를 자연스럽게 끌어낼 수 있도록 최대한 들어주고 이해하고 공감해야 한다. 대화에서 가장 중요한 것은 청소년이 내면에 가지고 있는 근원적인 질문,

"왜 자신이 죽어야 하는가?"에 대한 답을 찾아내는 것이다. 이 답이야말로 청소년이 죽고자 하는 이유이기 때문에, 이 이유를 찾아내고 해소해 준다면 자살을 막을 수 있다.

청소년과의 대화에서 알아낼 수 있는 것

청소년과 대화할 때는 타법, 글이 올라오는 속도와 오타 정도, 이모티콘 및 초성 사용 빈도 등을 통해서 청소년의 속내를 알아낸다. 글의 길이가 길다면 하소연을 하고 싶은 것이고(죽을 의지는 부족함), 이모티콘과 초성 사용빈도가 잦다면 나이가 어리다는 것을 알 수 있다. 글의 흐름이 죽음과 밀접해보이면 진실성이 엿보인다(죽을 의지가 확고함).

대상자와 대화를 하는데, 그가 상당히 힘들어 하고 있음을 느꼈다. 무언가 버겁고 지쳐있는 것 같은 느낌을 지울 수 없었다. 심지어 그는 자기 집 옥상에서 자살을 위한 예행연습까지 마친 상태였다.

"손의 힘으로만 버티었다."라고 말한 그는 손을 놓지 못해서 결국 몇 초 뒤에 올라왔다고 털어놓았다.

그는 평소 자신만의 안식처를 찾으려 했고, 결국 집 옥상이 안식처가 되었다. "옥상으로 올라가면 너무 좋아요."라면서 그곳이 자신의 안식처임을 밝혔다.

투신 자살 예행연습

고층 건물이나 대교 등에서 투신하겠다 결심한 경우 사전에 장소를 물색한다.
고층 건물에서 투신할 경우 높이, 장애물, 바닥의 강도 등을 알아보고, 대교에서 투신할 경우 물의 깊이, 언론에 노출된 장소, 그곳의 CCTV 설치 여부, 해상구조대 존재 여부 등을 사전에 알아본다.
청소년의 경우에는 집과 가까운 곳에 마땅한 장소가 없으면 이미 이전에 가본 장소 중에서 물색하며, 예행연습도 그곳에서 한다. 장소만 확보되면 바로 행동을 옮기는 성인과는 달리, 청소년은 예행연습을 끝낸 뒤에 죽을 날짜를 정하고, 그 날짜에 맞게 행동으로 옮기려 하는 경향이 있다.

청소년의 도피처, 옥상

집이 고층일 경우, 옥상을 자신의 안식처로 여기곤 한다. 실제로 청소년의 SNS를 보면 옥상에서 하늘을 찍은 사진이나 옥상 바닥에 누워 담배 피는 사진, 옥상에서 지상을 내려다보는 구도로 찍은 사진 등을 올리며 "편안하다.", "이대로 뛰어내리고 싶다." 등의 내용이 올라온다.

처음에는 가슴이 답답해 옥상 등과 같이 높은 곳에 오르는데, 이러한 행위가 반복되면 자연스럽게 그곳이 자신의 안식처가 되고, 가슴을 답답하게 만드는 원인을 제거하지 못하면 그곳이 죽음의 장소로 인식된다.

청소년이 자살을 행동으로 옮기기 전에 하는 예행연습

청소년은 자살을 결심한 경우 예행연습을 한다. 그 방법은 약물 복용, 자해, 목 조르기 등 다양하다. 이렇게 예행연습을 하는 청소년의 경우, SNS에 죽음을 예고하는 글을 남기는 경우가 많다. 반대로 예행연습을 끝내고 자살을 시도하기 전에는 확실한 죽음을 암시하는 글을 올린다.

예행연습에 대한 글	확정적 죽음의 글
자해를 하고 죽음을 암시하면서 죽을 수 있을까 묻는 글. EX) 이대로 편하게 누워서 자고 싶어. 차에 뛰어들어서 죽고 싶어. (옥상 사진과 함께) 뛰어내릴까?	유서나 이별을 암시 하는 글이나 내일이 없음을 예고하는 글 EX) 안녕. 잘 있어, 고마웠어. 이제 힘들어서 버틸 수가 없어. 이제 며칠이면 떠난다. 내일이 안 오면 좋겠어.

옥상이 너부 좋다넌 그는 "옥상에서 울며 버디는 껏도 이제 의미가 없다."라는 말을 했다. 더 이상 버티기 힘들다는 것은 '삶에 대한 기쁨을 모두 잃어버린 것'을 의미한다. 다시 말해 죽음을 뜻하는 것이다.

그럼 그의 자살 동기는 무엇일까?

그는 학교폭력위원회가 열리면서 고통에 시달렸다고 했다. 이렇게 학교에서 문제를 일으켰을 경우 보통이라면 부모에게 혼나면서 갈등이 생긴다. 그런데 그는 오히려 그 반대의 행동을 보이고 있는 부모를 이해할 수 없다고 했다. 자신을 혼내지 않고 따뜻하게 보듬어주는 것은 좋지만, 정말 이대로 끝나도 되는 것인지 괴리감을 느꼈고 그 결과 가족에 대한 미안함이 가슴속에 남았다고 했다. "나만 없어지면 다 끝나는 건데."라는 생각까지 들었지만, 그래도 죽는 것은 싫다고 했다.

청소년이 자살하는 동기를 파악하기 어려운 이유

성인은 자살 동기를 쉽게 입 밖으로 꺼낸다. 반면 청소년은 자신이 소통하고 싶은 사람에게만 말하고 입을 닫아버린다. 그래서 청소년의 자살 동기는 파악하기 어렵다. 그럼에도 자살 동기를 파악하는 것은 중요하다. 이유는 다음과 같다.

① 유력 결행자를 찾기 위한 수단
② 구조 후 동기를 해결해 재발하지 않도록 관리

성인은 죽어야 할 이유가 있기 때문에 자살을 결심하지만, 청소년은 죽어야 할 이유가 부족함에도 자살을 실행하려 하는 경우가 있다. 본인의 성격도 원인이라 할 수 있겠지만 사사로운 관계에서 죽음을 확고히 한다. 그래서 청소년의 경우 자살 징후를 파악하기 힘든 편이다.

잘못을 혼내지 않고 감싸주는 부모. 남들에게는 행복해보일 수 있는 것이지만 그에게는 고통이었다. 학교폭력위원회가 한 청소년을 죽음으로 내몰았다.

결국 그의 선택은 집을 나가는 것이었다. 하지만 어린 나이에 집을 나가면 의식주를 해결할 수 없다. 그는 길바닥을 헤매는 대신에 죽음을 선택하려고 했다.

청소년의 가출

청소년은 성인과 달리 보호자인 부모님과 학교라는 기관에 구속되어 있어 힘이 들 때도 어딘가로 훌쩍 떠나는 선택을 하기 힘들다. 그래서 가출을 선택하게 된다.
청소년의 가출은 크게 두 분류로 나뉘는데, 주변의 도움을 받아 집을 나가는 것(살기 위한 수단)과 앞뒤 생각하지 않고 집을 나가는 것이다.
그리고 이 둘은 생존률에서 큰 차이가 있다.

그의 안전을 보장할 수 없었다. 경찰에 확인된 특정 정보 위주로 신고했다. 문제는 새벽이라 학교에 아무도 없는 상황이라는 점이었다. 확실한 정보를 쥔 조력자가 없어 구조에 애로사항이 많았다.

시간은 흘러가는데 그의 행방은 오리무중이었다. 조금이라도 단서를 얻기 위해 그와 대화를 이어가면서 움직임을 살폈다.

학교에 가냐는 질문에 "아뇨. 오늘하고 내일 안 가요."라고 답했다.

개교기념일이면 이틀이나 빠지지 않을 테니 개인적인 사정일 것이다. 그렇다면 어떤 사정일까?

지속적인 대화의 중요성

자살을 결심한 사람과의 대화가 끊어지면 더 이상 그 사람의 움직임을 알 수 없다. 자살을 결심한 사람의 신변에 어떠한 변화가 있었는지 알기 위해선 대화를 끊임없이 이어가야 한다. 그런데 자살을 실행하거나 죽음을 목전에 두고 있다면 대화는 이어질 수 없다.

시계는 두 시를 넘긴 상태였다. 날이 밝기까지 남은 시간은 4시간 정도. 다시 그의 말을 이끌어내며 움직임을 살폈다.

그는 아직 잠들지 않았다며 "죽으려 한다."고 적었다. 아직 실행으로 옮기지 않은 것은 '천국과 지옥'에 대한 믿음 때문이라고 했다. 예상대로 날이 새기 전에 투신할 것 같았다. 어느새 2시 14분이 지나고 있었다.

성인과 청소년의 내세관 차이

성인은 자살이 임박할 때 사후세계보다 죽음의 성공만을 기대한다. 그리고 다시는 사람으로 태어나지 않았으면 좋겠다는 말을 한다.
반면에 청소년은 삶을 적게 살아서인지 사후세계에 관심을 보인다. "환생은 있을까?", "동물이 될까?", "천국과 지옥이 있을까?"라는 질문을 하기도 한다.

그가 아파트 옥상에 있을 수 있고, 집에 있을 수도 있다. 마음이 급했다. 어떻게 해야 하나. 방법은 없을까. 곰곰이 생각해보았다. 전화번호를 알아내야 하는데 방도가 없었다. 어느새 4시가 코앞이었다. 남은 시간은 약 2시간 정도였다.

죽음을 결심한 사람은 다음날이 밝아오기 전에 실행으로 옮긴다. 이유는 하루하루가 힘겹고, 내일 눈 뜨는 것조차 힘들기 때문이다.

경찰에서 대상자를 찾고 있지만, 남은 시간이 별로 없었다. 대상자 특정에 몰입했다. 그의 학교를 위주로 다른 SNS 계정을 찾아보았다. 같은 학교의 학생들을 찾아낸 다음, 그중에서 그와 소통하고 있는 학생을 찾았다. 그리고 그 친구에게 쪽지를 보냈다.

메모를 보낸 지 얼마 지나지 않아 답장이 왔다.

"누구세요?"

구체적인 것을 글로 표현하기는 어려우니 전화를 해줄 수 있냐고 한 뒤에 전화를 요청했다. 다행이 그 학생은 "어른인가요?"라고 물으면서도 곧바로 전화를 해주었다. 혹시 ○○의 전화번호를 알려줄 수 있느냐 물었더니 "학폭위 때문에 그러시냐?"라고 해서, 그것과 연관이 있다고 답했다. 그러자 내가 그토록 찾던 학생의 휴대폰번호를 알려줬다.

하늘이 도운 것인지 새벽 4시에 같은 반 학생이자 그를 잘 알고 있는 친구에게서 연락이 온 덕분에 대상자를 특정할 수 있었다.

신고인은 어디까지나 조력자일 뿐이다

신고인은 내상사를 실리기 위해서 다양한 수단과 방법을 강구한다. 그런데 위의 사례에서처럼 정보를 알려주는 사람이 있는 반면 그러지 않는 사람도 있다.

감시 활동을 하던 중 한 여성이 대교에서 투신하려고 이동 중이라는 것을 알게 되어 죽을 장소를 특정해 경찰에 신고했다. 그리고 그 여성의 카카오스토리에서 가족으로 보이는 사람이 있어서 쪽지를 보냈다.

"지금 그쪽과 잘 알고 있는 사람이 위험에 처해 있으니 연락을 달라. 가까운 경찰서나 지구대로 가서 연락을 주셔도 된다."라고 두 번에 걸쳐 요청했다. 그랬더니 단번에 거절당했다. 그 후 이런저런 노력을 기울였으나 그 여성의 투신은 막지 못했다.

다음 날. 어떤 남자가 전화를 했다. "어제 쪽지 줘서 연락드렸는데 누구세요?"라는 남자의 질문에 자살 예방 감시단이라고 밝히니, 남자가 눈물을 펑펑 흘리며 후회했다. 내가 쪽지 보내서 받은 사람이 전날 투신한 여성의 동생이었던 것이다.

울고 있는 남자에게 이미 돌아가신 것 되돌릴 수 없으니 누나를 편안하게 보내주라고, 그리고 괜히 부검으로 누나 몸에 상처내지 말고 아름다운 장례 절차에 따라 따뜻하게 보내주라고 말했다.

내가 쪽지를 보낸 그때 행동을 취했다면 그의 누나는 살아있었을 것이다.

대상 학생의 휴대폰번호를 알아낸 즉시 경찰에게 전송했고, 경찰은 즉시 통신 수사를 통해 대상자의 집을 알아내 구조했다. 정말 천만다행이다. 시간이 좀 더 지체되었으면 정말 아찔한 상황이 이어졌을 것이다.

그날은 긴장해서인지 몸이 축 늘어져서 편의점에서 캔 맥주 2개를 사 와 마시고 바로 회사에 출근했다. 날을 지새워서 몸은 피곤했지만 그래도 그 학생을 살렸다는 것에 보람을 느꼈다.

2) 삶의 무기력으로 인해서

하나의 글이 눈에 띈다.
"목맬 끈이 있습니다. 오늘 내일 안에 연락바랍니다."

동반자를 구하는 글이었다.

대상자와 대화를 해보았다. 죽는다는 말은 누구든지 쉽게 하지만, 실천으로 옮기는 것은 어렵다. 그래서 계속 대상자와 대화를 하면서 죽음에 대한 의지가 확고한지를 확인해야 한다.

---

7   목맴으로 동반할 사람들이 여러 번 있었는데 결행 전에 해체됨, 이들은 서로의 얼굴을 마주보
    면 위로가 될 것이라고 말하는데 현실적으로 같이 동반 할 사람은 이를 받아들이지는 않는다.
    그리고 동반 목맴 전에 구조하려고 신고를 했었는데 모두 사실과 달랐다. 따라서 동반 목맴은
    단독결행을 말하거나, 자살이외의 목적으로 접근하는 사람들이다.

청소년은 동반자를 구해도 자신의 행동반경에서 크게 이탈하지 않는다. 그리고 동반자가 평소 잘 알고 지낸 사람이 아닌 이상 동반 자살을 실행에 옮기는 건 어렵다.

그래서 청소년 동반 자살의 경우, 같은 지역에 있거나 멀지않은 지역에 거주하는 사람들이 뭉쳤는지 여부를 집중적으로 체크해야 한다.

대상자의 의도를 확인해보기로 했다. 목을 맬 끈은 누구든지 쉽게 구할 수 있기 때문이다. 결국 그 끈의 재질과 매듭의 정도에 따라 성공 여부가 달려 있다고 볼 수 있다.

대상자가 정말 죽으려는 사람이라면 아주 견고한 재질의 줄과 결행 장소를 준비했을 것이고, 주변에서 흔히 구할 수 있는 도구를 준비했다면 우발적으로 죽음을 선택한 것으로 실패할 가능성이 높았다.

그와 계속 대화를 해보았다.

"괜찮은 장소가 있으면 목매달 생각입니다."라는 말에 주변 정리는 어떻게 하고 있는지를 물어보았는데, 뒷정리는 생각하지 않는다면서, 그런 것까지 생각하면 죽지 못할 것 같다는 답변이 돌아왔다. 덧붙여 "끈이랑 못 박을 도구도 준비했다."고 했다.

 # 주변 정리

자살자는 주변 정리를 하는 사람과 그냥 죽으려는 사람으로 나눌 수 있다.

전자는 주변 정리를 하는 과정을 거치면서 심리가 변화할 가능성이 있고, 그렇게 심리의 변화를 일으켜 자살을 포기하고 삶의 의욕을 되찾기도 한다.
반면 자살에 실패한 사람, 극도의 우울증에 시달리는 사람, 하루빨리 죽어야 하는 사람은 주변 정리를 하지 않는다. 이것은 실패에 대한 두려움이 앞서기 때문이다.

그래서 주변 정리 중인 사람은 계속 감시를 하면서 신고 시기를 조절할 수 있으나, 주변 정리를 마친 사람이나 주변 정리를 안 하는 사람은 신고 시기를 조절하지 않고 곧바로 신고에 들어간다. 죽음이 임박해 있기 때문이다.

그가 준비한 끈이 무엇인지 궁금했다. 허술한 재질이면 자살에 실패할 확률이 크다. 줄은 지금 가지고 있는지, 그 줄은 얼마에 어디서 구했는지, 가능하면 사진으로 보여줄 수 있는지 물었다. 그러자 대상자는 준비한 줄을 사진으로 찍어 보여주었다. 총 2가지였는데, 당장 구할 수 있는 끈과 실패할 것을 염려해 다른 끈도 준비했다는 것이다. 이번 대상자처럼 철저한 사람은 실패할 것을 염려해서 다른 방법까지 계획하기도 한다.

인터넷에 떠돌아다니는 자살 정보

인터넷에는 무수히 많은 자살 정보가 있다. 자살방에는 구성원들이 유튜브, 트위터 등 외부에서 찾아온 정보를 올린다. 그것을 클릭해서 들어가면 성공률을 높이는 방법은 물론 실패한 사례까지 정리되어 있다.

자살에는 극도의 흥분 상태에서 이루어지는 우발적 자살과 계획적 자살이 있는데, 계획적으로 자살하려고 하는 사람들은 미리 이러한 정보를 검색해서 죽는 방법 등을 숙지한다.

그의 자살 동기를 확인해보았다. 자살 동기를 확인해야만 구조 후 사후 관리를 할 수 있고, 그를 죽음에 이르게 한 원인을 찾을 수 있기 때문이다. 그와 대화를 이어가면서 찾아낸 원인은 삶에 대한 무기력이었다. 대상자는 무엇을 해도 재미가 없고 삶에 대한 흥이 없어보였다.

이처럼 청소년의 무기력이 자살 동기가 되는 경우가 종종 있다. 여기서 무기력이란 '지금을 감당할 수 있는 힘이 없음'을 뜻한다.

무기력에 대해서

청소년은 이미 정해진 일과에 따라 하루를 보낸다.
아침에 눈을 뜨면 학교에 가고, 학원을 가고, 집에 와서 공부하고, 중간·기말고사를
준비하며, 수능을 대비하는 등 미리 짜놓은 일정대로 움직이는 것이다.
성인은 회사를 다니는 중에 일이 힘들면 휴가를 내서 휴식을 취할 자유가 있지만,
청소년은 부모님의 기대와 학교 방침 등에 따라 그런 자유를 누리지 못한다.
아무리 힘들어도 하루하루가 계획대로 쉼 없이, 마치 시곗바늘처럼 움직인다.

이러한 삶 자체가 힘들다고 느끼면 우울증이 찾아오고, 그 우울증을 부모에게 알리
면 부모는 "공부하느라 힘들구나."라면서 넘어갈 뿐, 그것이 우울증이라는 것을 인식
하지 못하는 경우가 많다.
그 결과 혼자서 현재를 극복해야 하고, 더 이상 나아지는 것이 없다면 더 이상 살아
갈 이유를 가지지 못해 삶에 대한 의욕을 잃을 수 있다.

대상자는 삶에 지친 듯했다. 무엇이 그를 그렇게까지 힘들게 만들
었는지는 알 수 없었다. 하지만 그는 이미 삶에 대한 무기력으로 인
해 자살을 시도하려고 2개의 끈을 준비했고, 그것을 벽에다 고정하
기 위한 망치와 못까지 준비한 상태였다.
더 이상 기다릴 것이 없어서 즉시 경찰에 신고했다.

경찰이 현장에 도착했다. 그는 집에 혼자 있었는데, 저자에게 사진
으로 보내준 줄을 가지고 있었다고 한다.
경찰은 이대로 혼자 두면 위험하다고 판단해 대상자의 부모에게 급
히 연락을 취했고, 대상자의 부모는 직장에서 빠져나와 황급히 집으
로 돌아왔다고 한다.

3) 누가 나 좀 살려줄래요?

오픈방에 "누가 나 좀 살려줄래요?"라는 글이 눈에 띄어 대상자와 대화를 시도했다. 대상자는 새벽에 아파트 옥상(21층)에 올라가 난간에 걸쳐 앉은 채 밑을 보면서 펑펑 우는 것을 반복하는 등 옥상을 안식처로 인식하고 있었다.

대상자는 아파트 옥상 문이 잠겨 있지 않다고 말했고, 만약 아파트 옥상 문이 잠긴다면 근처에 있는 오피스텔 옥상으로 갈 것이라 말했다.

최대한 빠르게 대상자를 특정할 정보를 수집했고, 해당 정보를 바탕으로 경찰에게 신고했다.

위 사례와 같이 청소년이 고층 건물 옥상이나 대교처럼 투신할 수 있는 장소를 안식처로 삼고 있다면 이유를 불문하고 신고 대상이 된다. 왜냐하면 해당 청소년이 안식처로 발걸음을 옮기는 것 자체가 자살 전에 하는 예행연습이나 마찬가지이기 때문이다.

예행연습은 '공포'나 '무서움'을 떨쳐버리기 위한 행동으로, 청소년은 자신의 행동이 예행연습인지 알지 못하는 경우가 많다. 왜냐하면 가슴이 답답할 때마다 그곳에 올라가 기분전환을 할 뿐이지, 죽으려는 확신을 가지고 올라간 것은 아니라고 생각하기 때문이다.

하지만 그렇게 안식처가 된 곳을 자주 다니게 되면 죽음에 대한 '공포'나 '무서움'이 서서히 줄어들고, 그 결과 안식처가 곧 죽음의 장소로 변하게 되는 것이다.

4) 가정폭력 등으로

동반자를 구하는 10대 청소년의 글이 올라왔다. 접촉해서 대상자와 대화를 해보았는데, 어떤 도구를 사용할 것인지 고민하고 있었다.

청소년의 죽음은

청소년은 성인과 못지않게 편한 죽음을 원한다. 하지만 청소년의 경우 도구를 준비하기 어렵고, 혹시 도구를 준비할 여건이 되더라도 도구를 손에 넣기까지의 시간을 기다리기 힘들어서 도구가 필요 없는 방법을 선택하는 경우가 많다.

대상자에게는 행복한 고민일 수도 있겠지만, 대부분의 성인은 청소년을 동반하는 것을 꺼리기 때문에 헛된 고민일 가능성이 높다. 그래도 동반 인원을 맞추려는 사람 중에서 나이는 크게 중요하지 않다고 생각하는 이도 있기 때문에 감시가 필요하다. 대상자 역시 나이는 중요하게 생각하지 않는 동반자들과 팀을 이루고 있었다.

안성맞춤인 동반 대상

청소년은 자살 암시 글을 적은 사람과 일일이 대화를 한다. 그러면서 자신이 원하는 방법인지, 결행일이 자신이 생각하는 시기와 일치하는지를 확인한다. 만일에 조건이 맞지 않으면 다른 동반자를 찾는다. 특히 여자 청소년은 동반할 상대의 성별까지 사전에 조율한다. 다른 범죄에 휘말릴 수 있다는 생각 때문이다.

대상자는 주변 정리를 마쳤다고 했다. 아니, "친구도 없어서." 주변 정리를 할 필요가 없다고 했다. 이미 주변 정리가 끝났기 때문에 계획이 완성되면 실행에 옮길 것이라고 했다.

아직 주변을 정리하는 중이면 죽을 일자가 확고하게 정해지는가를 지켜보고 신고하는데8, 이미 주변 정리를 마쳤거나 더 이상 정리할 것 없다며 죽을 의사만 내비치는 상태라면 즉시 신고대상이다. 하지만 이번 대상자는 동반을 계획하고 있기 때문에 신고를 미뤄야 했다.

죽음의 글을 봤다고 무조건 신고하지는 말아야 한다

자살 의심자가 있다고 해서 무조건 신고하는 것은 바람직하지 않다. 죽을 계획이 확실한지 확인하고, 이별의 글이나 유서가 발견되지 않는 이상 계속 감시해야 한다. 단독자살을 계획 중인 사람 중에서 실제로 행동에 옮기는 사람은 소수에 불과하기 때문이다.

사람은 한 번쯤 힘이 들 때 죽음을 생각하기도 하고, 그건 어디까지나 스쳐 지나가는 생각일 뿐이므로 생각만 하고 있는 사람을 신고할 수도 없다.

결정적인 증거가 없을 경우 다양한 문제가 생길 수 있다. 정보제공업체에서 정보 제공을 거부하거나, 구조 후 부모의 항변(자녀는 잘 버티고 있었는데 괜히 신고해서 더 힘들어한다는 등)을 듣게 될 수도 있다.

결국 모든 이가 납득할 정도의 결정적 증거가 없는 이상 신고하는 것은 어렵다.

동반 자살은 서로 말이 통하지 않으면 그룹이 해체되는 경우가 많다. 그럴 경우 감시 대상이 늘어날 수 있기 때문에 예의주시해야 한다.

대상자에게 지금 합류된 곳에 초대해달라고 했다. 초대받은 방에 가 보니 3명이 있었다.

---

8 주변 정리를 하다가 삶의 의지를 되살리는 경우도 있기 때문이다. 그 밖에 장난으로 올린 글도 많기 때문에 신고는 신중하게 진행한다.

A : 다들 거리가 먼데 어디서 실행하죠?.
B : 월요일에 여기로 오신다면서요.
C : 월요일부터 진행할 거고요. 재료 등을 준비하는데 4일 정도 생각합니다.
    모텔은 불가능하니 펜션 빌려서 진행할 거고요. 여행을 온 것처럼 조용
    한 새벽에 떠나는 거로 하죠.

[해당 동반 팀의 대화 내용]

그들은 구체적인 계획을 세우는 중이었다. 그런데 도구를 지금부터 준비해야 하며, 최소한 4일은 걸린다는 이야기가 나왔다.

나이 어린 청소년을 합류시키기 전까지 아무것도 준비하지 않았다는 점, 도구를 준비하기까지 4일 정도의 시간이 소요된다는 점으로 미루어봤을 때, 이 동반 팀은 동반 자살에 성공할 가능성이 낮았다. 사실상 실행이 불가능한 수준이었다.

 # 동반자의 특징

동반은 각자의 노력으로 죽음을 맞이하는 것이 특징이다. 한사람이 모든 것을 준비하기보다는 합류한 뒤에 도구를 준비하고, 도구가 준비되면 늦어도 다음 날까지는 결행한다.

결국 대상자는 합류한 동반 팀에서 빠져나왔다. 이유는 자신이 죽을 날보다 계획된 일정이 늦어서다. 대상자는 이미 죽을 날을 정해놓았고, 해당하는 날에 죽을 수 있는 동반을 원했다. 하지만 앞서 언급했듯 성인은 청소년을 동반자로 잘 받아주지 않기 때문에 혼자서 죽음을 맞이할 가능성이 컸다.

대상자는 다른 동반 팀에 합류하기 위해 또다시 죽음을 구걸했다.

이번 대상자처럼 청소년이 죽음을 구걸하는 것을 쉽게 볼 수 있는데, 이 경우 다른 의도로 접근한 사람의 꾐에 넘어가기 쉽다. 그 결과 청소년들은 죽음을 미끼로 다가오는 그들이 원하는 대로 움직이게 되는데, 이는 다른 범죄로 피해를 입을 수 있다는 것을 의미한다. 때문에 자살을 중도에 포기하거나 보류하지 않은 이상, 동반자를 구하려는 청소년은 계속 감시해야 한다.

대상자가 동반 팀에서 나오기 전에 동반자들과 이야기하는 것을 지켜보면서 자살 동기를 파악했다. 가정에서 부모에게 폭행을 당하고 학교폭력에도 노출되는 등 삶이 힘들어 보였다.

더 이상 대상자를 방치할 수 없어서 특정 정보를 파악한 후 곧바로 경찰에 신고했다.

가정폭력 문제가 있다면 형사입건을 고려해야 한다

청소년의 자살은 가정 내 폭력에서 비롯되는 경우도 있다. 이때는 여청계에서 사실 관계를 확인하여 쉼터로 보내 보호조치를 하든지, 형사입건을 시켜 가정폭력법에 따라 적절한 보호처분이 이루어지도록 해야 한다.
이렇듯 가정폭력으로 자살을 하려 하는 청소년을 감시하고 있을 경우, 당사자를 도울 수 있는 방법이 무엇인가를 곰곰이 생각해봐야 한다. 그의 신병을 부모에게 인계하는 것만이 정답은 아니다.

청소년이 가성폭력으로 사실 충동을 느끼거니 지살하려고 할 때는 우선 부모와 격리시킨 뒤 해결점이 무엇인지를 고민해야 한다. 또한 자기 사주에 허탈함을 느끼며 운명처럼 받아들이는 경향도 있으므로 사주에 연연하지 않도록 주의를 줘야 한다. 특히 사주는 성장하면서 바뀔 수 있고, 한 사람에게서 다양한 사주가 나올 수 있다는 것을 알려주는 것이 중요하다.
마지막으로 청소년은 자신의 고민에만 빠져서 헤어나지 못하는 경우가 많으므로, 그의 생각의 폭을 넓게 해주는 교육이 필요하다.

5) 엄마가 힘들까 봐

청소년인 대상자가 동반자를 구한다는 글을 올렸다. 대상자는 동반자가 나쁜 짓을 하거나 낚시를 하는 것까지 염려해서 사전에 인증 절차를 꼼꼼히 하겠다고 글에 적었다.

청소년이 동반자를 구했는데 성인이 지원했다면

청소년도 성인과 단둘이 동반 자살을 하는 게 위험하다는 것을 안다. 그래서 여자 청소년의 경우에는 남자 성인과 만나야 할 경우에는 흉기를 들고 나가려 하고, 될 수 있으면 같은 성별을 구하기도 한다.

동반의 인증 절차란 무엇인가

동반자를 구하는 사람은 헛된 발걸음으로 시간을 낭비하는 걸 원하지 않는다. 그래서 정말 죽을 사람인지, 함께 죽음을 맞이해도 괜찮은 사람인지 알기 위해 사전 인증 절차를 거친다. 이때 여성은 자신의 신분증(학생증)과 SNS 대화명을 종이에 적어서 본인을 인증하는 경우가 많고, 남성은 직접 만나서 인증하는 경우가 많다.
이러한 인증 절차에 실패할 경우 더 이상 대화가 이루어지지 않는다. 그래서 때로는 사전에 경찰에 협조 요청을 한 뒤 인증 절차를 거쳐서 동반한 전원을 구조하기도 한다.
동반 팀이 결성되면 계획을 세우기 위해 죽기 전에 만나기도 한다. 그것 역시 인증 절차 중 하나로, 이 인증 절차에 참여하지 않은 사람은 그룹에서 제외되고, 참여한 인원만으로 계획 수립, 실행한다.

대화명이 '생일이 오기 전까지'이다. 올린 글에 "살라고 하지 마세요. 저도 많이 힘들어요."라는 말이 있는데, 이 말은 '죽기는 싫은데 죽어야 한다.'라는 말로 들렸다. 무엇이 대상자를 힘들게 했는지를 직접 대화를 해보았다.

대상자는 한 부모 가정에서 자랐는데, 엄마의 짐을 덜어주고 싶어 했다. 자신만 사라지면 엄마가 돈을 덜 벌어도 된다는 어리석은 생각을 하고 있었다.

대화명이 '생일이 오기 전까지'인 이유는 생일이 되기 전에 죽는다는 의미라고 했다. 물어보니 생일이 내일이란다. 즉 오늘이 결행일이었던 것이다.

대상자는 죽겠다는 확고한 의지를 가지고 있었지만 죽을 장소를 구하지 못하고 있었다. 근방의 고층 건물은 전부 비밀번호를 입력해야 들어갈 수 있는 곳이라 마땅한 장소가 없다고 했다. 그래서 장소를 물색 중이라고 했다.

고층 건물의 시건장치는

고층에서 투신하겠다 마음먹은 경우, 미리 장소를 물색하기도 하지만 근처를 배회하다가 안성맞춤인 장소를 찾아 무작정 올라가기도 한다. 이를 예방하기 위해서는 옥상 및 옥상정원에 잠금장치가 필요하며, 공사장 및 폐허 건물에 항시 경비원을 상주시켜서 외부인들의 출입을 막아야 한다.

자살자는 사람의 인적 없는 개방된 곳을 찾는다. 익사할 때도 CCTV등 타인의 간섭을 받지 않을 만한 곳을 선택한다.

실제로 아파트 공사장에서 투신하려는 사람을 다수 구조하기도 했고, 주상복합상가 건물 비밀번호를 알고 있는 사람이 그곳에서 투신하려고 해서 경찰이 순찰을 강화한 후 예방 활동에 들어간 적도 있다. 심지어는 아파트 옥상 문이 열려 있는 곳을 찾으려고 아파트 단지를 돌아다니면서 배회 중인 사람까지 있었다.

이제 밖으로 나간다고 한다. 이 글이 마지막일 수 있는데, 정작 대상자를 특정할 만한 정보를 찾을 수가 없었다. 전화번호를 확보하려

고 잠시 통화가 가능한지 물어보았는데, 요금을 내지 못해 정지된 상태라고 했다.

그래서 대상자에게 "요즘은 통신사에 전화하면 일시정지된 것 잠시 풀어준다. 미납통지서에 안내가 되어있으니 확인해보라."라고 말했다. 그랬더니 미납통지서를 사진으로 찍어서 보여주었다. 그곳에 전화번호가 있었다. 그것을 특정 정보로 삼아 경찰에 신고했는데, 이미 해제된 번호라서 위치 추적이 안 된다는 답이 돌아왔다. 그래서 통신 수사를 해달라고 요청을 하니 단독 자살은 압수수색영장 발부가 어렵다고 한다.

이 가여운 청소년을 살려야 한다는 생각에 추심팀에 직접 전화해서 지금 사정이 이러하니 임시 해제를 해달라고 했는데, 역시나 돌아오는 답은 냉정했다.

대상자는 와이파이로 통신을 하고 있는 상황이라 이대로 밖에 나가면 더 이상 연락할 수가 없고, 그렇게 되면 그를 살리는 건 매우 어려워지는 상태였다.

그렇지만 포기할 수는 없었다. 우울증으로 죽음을 선택하는 것은 아닌 듯 보였고, 단지 엄마에게 짐이 될까 봐 죽는다고 하니 얼마나 마음 아픈 일인가.

그래서 다시 112에 신고했고, 결국 대상자를 구조했다.

한 부모의 가정에

한 부모의 가정에서 자라나는 자녀라면 '나 하나 때문에 아빠 또는 엄마가 돈을 더 많이 벌어야 하고, 힘들어하고, 행복을 찾지 못한다.'는 생각을 할 수 있다. 그리고 '나만 죽으면 다른 사람과 눈치 보지 않고 교제할 수 있고, 힘들게 돈을 벌지 않아도 된다.'는 생각으로 발전한다. 이렇게 단순한 생각으로 죽음을 선택하는 게 청소년이다.

한 부모 가정에 있는 청소년의 경우 자신을 길러주는 엄마·아빠를 위해 더 열심히 공부하는 아이도 있지만, 자신이 엄마·아빠의 짐이 되고 있다는 생각을 하는 아이도 있다.

이런 극단적인 상황이 발생할 수 있기 때문에, 한 부모 가정의 부모라면 자녀의 걱정을 덜어줄 수 있도록 노력해야 한다.

6) 사회부적응으로 인해서

성인 여성의 자살 암시 글이 올라와서 감시 중에 있었다. 이 여성은 여러 사람과 대화한 흔적이 있었는데, 그 내용을 보니 "줄로 하거나 바다에 걸어 들어가는 것."이있다. 여기서 동반 목맴은 성공할 가능성이 아주 희박하니 바다에 걸어 들어가는 것, 즉 동반 익사를 하고자 했다.

해당 여성은 여러 사람과 꼬리 물기로 동반을 하려 했다. 위험하다는 판단에 대화를 나누었는데 고등학생과 함께 결행을 하려고 준비 중이라고 했다.

게다가 현재 위치가 바닷가 근처인 것으로 판단됐다. 이미 자살할 장소에 도착한 상태로, 그곳에서 동반에 합류할 사람을 찾는 것 같았다.

먼저 성인과 동반하기로 한 나이 어린 청소년이 누구인지를 알아내야만 했다. 성인 여성과 대화한 사람들의 계정을 추적하면서 일일이 대화한 사람의 정보를 확인했다. 그중 성인 여성과 같은 방법으로 죽으려는 사람이 있었다. 그와 대화를 해보았다.

대상자의 대화명은 '자살친구'였는데, 일주일 후인 일요일에 함께 죽을 사람을 찾고 있었다. 대상자는 30대 여성과 이야기를 나누며 해당 여성이 모집하고 있는 동반 자살에 합류하려고 준비 중인 것으로 보였다.

동반 자살의 경우, 여러 흔적에서 대상자를 찾아낸다. 글을 남긴 사람, 잠시 스쳐 지나간 사람, 대화하다가 글을 지운 사람, 쪽지 및 대화, 대화명 등에서 자살 정보를 공유하는 것을 볼 수 있다.

그래서 대상자를 감시할 때는 실시간으로 대상자의 흔적을 확보하면서 신고하기 직전까지 만전을 기해야 한다.

대상자는 1주일 후에 죽으려고 마음을 먹은 상태였고, 지금은 마음의 준비는 물론 주변 정리까지 마치고 죽을 날만 기다리고 있었다. 그래서 해당 청소년이 죽음을 준비한 흔적을 찾아보았다.

대상자가 동반자를 구하고 소통한 SNS에는 죽음을 계획한 흔적은 보이지 않았다. 그래서 다른 SNS 계정을 알아내 확인했는데, 의미심장한 흔적이 눈에 보였다. 바로 삶을 마감하는 디데이였다.

디데이-하루, 디데이-둘, 디데이-셋, 디데이-넷, 디데이-다섯 등 하루하루 지날 때마다 일자를 적었다. 그리고 그 디데이 마지막 1일이 되는 날은 대상자가 죽으려고 하는 날짜와 일치했다.

다른 이상한 점도 발견되었다. 최근 며칠 동안 행복하게 웃고 있는 사진이나 친구들과 함께 찍은 사진을 한 번에 올린 것이다. 사진을 올릴 때는 보통 몇 장씩 한꺼번에 올리긴 하지만, 대상자처럼 하루에 수백 장씩 올리는 경우는 거의 없다. 이런 행위를 한 이유는 마지막 추억을 간직하려고 한 것으로 판단된다.

이 대상자의 행동을 정리하자면 아래 표와 같다.

죽을 계획	주변 정리	확고함
1주일 후에 죽기 위해 동반자를 찾으면서 디데이를 설정함.	디데이가 가까워지자 추억이 담긴 사진을 한꺼번에 업로드하며 주변 정리를 함.	설정한 디데이와 주변 정리 일정이 일치함

이미 성인과 동반을 추진 중이라는 것을 알자마자 신고를 했다. 대상자와 함께 동반 자살을 결행하려고 한 성인 여성도 함께 신고했다.

구조 후 대상자의 아버지가 신고인과 통화하고 싶다고 해서 경찰이 연결해주었다. 그때 대상자의 아버지가 한 말이 생각난다.

"신고해줘서 고맙습니다."

청소년의 죽음의 흔적을 찾아서

청소년들은 죽기 전에 죽기 위한 계획을 세우고 디데이를 설정하는데, 정말로 죽고자 하는 경우 계획을 디데이에 맞춰 착실하게 진행한다. 보통은 SNS를 통해 죽음을 순차적으로 준비하고, SNS에 자신이 계획한 디데이를 밝히곤 한다. 그래서 평소 가족이나 친구들이 관심 있게 지켜본다면 이상한 점을 쉽게 발견할 수 있다. 자녀의 SNS를 항상 눈여겨 봐야 하는 것도 이 때문이다. 청소년은 부모님을 비롯한 주변 사람들에게 털어놓지 못하는 속마음을 자신만의 공간에서 서슴없이 써내려가기 때문이다.

7) 성인 옆에 시신이

　동반자를 구한다는 청소년의 게시글이 올라왔다. 그 대상자는 게시글에 관심을 가지는 사람들과 계속 대화를 나눴다. 그의 댓글을 보고 대화를 시도해보았다.

> 저자 : 계획 세운 거예요?
> 대상자 : 네
> 저자 : 언제쯤으로요?
> 대상자 : 이번 주말요.
> 저자 : 방법도 정하신 거예요?
> 대상자 : 네. 한강 갈 건데. 새벽쯤에.

[대상자와의 대화 내용]

　그는 결행일을 이틀 뒤로 잡았고, 한강에서 투신하겠다는 계획을 세웠다. 그가 죽음을 생각할 만한 이유가 있는지, 죽으려는 확고한 마음이 있는지를 알아보면서 신고 시점을 확정해야만 했다.

　그런데 이미 동반자까지 구한 것으로 보였다. 동반자까지도 구조해야 하는 상황이 되었다.

SNS에서 동반자들의 접근

SNS에서는 누군가 적은 자살 암시 글을 보고 많은 사람이 접근한다. 그래서 그와 대화 중인 사람은 물론 대화할 사람, 실제로 추진 중인 사람, 계획을 세우고 있는 사람까지 전부 찾아내 감시해야 한다. 그래서 한 사람이 적은 자살 암시 글을 바탕으로 두 명 이상의 자살자를 구조하는 경우가 많다.

그는 오늘 밤에 질소로 죽으려는 사람과 합류하려고 했다. 그런데 주변 정리가 부족해서 그 사람과 같이 죽지 못할 것 같다고 말했다. 결국 그 사람에게 양해를 구하고 사랑하는 사람에 대한 마음을 정리하겠다고 마음먹었고, 이틀이 지난 후에 투신하겠다는 계획을 세운 것이다.

동반의 협의

동반 자살은 죽을 방법을 통일하는 것까지는 가능하나 죽고자 하는 날이 맞지 않는 경우가 많고, 그것을 조율하지 못해 깨지기 쉽다. 죽고자 한 날을 지나치면 다시 주변 정리를 해야 하며, 가족들이나 주변 사람들이 이상하게 생각해 찾는 등 다양한 변수가 생기게 되기 때문이다.

그래서 동반자와 만난 그 날 결행할 것이라고 사전에 합의한 경우, 정말로 당일 결행하는 경우가 많다. 동반 자살이 묻지 마 자살이라 불리는 것도 이런 현상 때문이다.

원칙적으로 동반 자살은 사전에 협의한 대로 움직이고, 예외 상황이 발생하면 깨진다. 즉 동반 자살은 하나의 원칙을 세우고 그 원칙대로 움직이는 것이다.

대상자와 동반 자살을 하려고 했던 성인 남성은 누구인가? 청소년과 질소로 동반 자살을 하려고 했던 사람이 누구인지를 찾아야만 했다. 이미 질소라는 도구를 손에 넣었다면 다른 사람과 접촉해 동반 자살을 할 수도 있기 때문이다. 대상자와 대화한 사람 중에서 의심되는 사람이 있는지 추적해보았는데 별다른 특이점은 없었다.

비공개로 대화를 했거나 이미 글을 지운 것으로 판단됐다.

그때 문득 생각난 것이 있었다. 며칠 전 같은 지역에서 동반 자살을 하려고 사람들이 모인다는 정보를 입수해서 신고를 했는데 정작 현장에 이들이 나타나지 않아 약 2시간 정도 잠복하고 있던 경찰이 철수한 적이 있다. 혹시 이 사람이 아닌가 싶어 알아보았다. 이미 그와 대화를 나눈 계정이 있어서 확인해보니, 비공개 계정의 메인 글이 "이제 간다."로 변경이 되어 있었다.

　대상자와 대화한 것을 참고해서 이 성인의 계획을 확인해보았다. 비교·분석해보니 오늘 죽으려고 한다는 사람과 일치했다. 그는 도구를 추가로 구했는데, 테스트를 하면서 양이 줄었기 때문이라고 했다. 그가 추가로 구한 양은 2~3명이 합류할 수 있는 분량이었다.

　대상자가 자살 도구를 갖춘 성인 남성과 합류하려고 한 점을 미루어볼 때 그가 계획한 날 새벽에 익사할 가능성이 커 보여 경찰에 신고했다.

　그리고 대상자가 합류하려고 했던 성인도 2~3명이 함께 할 수 있는 도구를 준비했기 때문에 신고를 해야 했다. 그런데 특정할 만한 정보가 너무 없었다. 전화번호 등을 알아야만 대상자를 특정할 수 있을 텐데, 그럴 만한 정보가 없었다.

　그래서 이 성인을 알고 있는 사람을 찾아내는데 주력했고, 그 결과 성인의 연락처를 확보하는 것에 성공해 경찰에 신고했다.

　신고 내용은 아래와 같다.

청소년 신고	성인 남성 신고
○○에 있는 남자와 질소로 오늘 죽으려고 했으나 주변 정리를 마치지 못해 포기. 내일 중 주변 정리를 끝내고 한강에 투신할 예정임.	요구조자는 사람들에게 비공개 대화를 요청해 동반자를 모았고, 집에 질소 등의 도구를 준비함. 오늘 중 동반자와 결행할 것으로 보임.

[해당 사례 신고 내용]

다행히 한강에 투신하려던 대상자는 구조할 수 있었다.

그런데 성인 남성 쪽은 뭔가 상황이 이상하게 흘러가는 듯했다. 그 성인 남성이 있는 장소에 시신이 있어서 해당 경위를 조사해보니 '동반자살'을 시도했는데 혼자 실패하여 다시 동반할 사람을 찾고 있는 중'이었다는 것이다. 그리고 한강에 투신하려고 했던 대상자가 바로 동반자 중 한 명이었다고 한다.

대상자가 그날 주변 정리까지 마쳤다면 그 성인 남성과 합류했을 것이다. 그리고 성인 남성을 추적하지 않으면 다른 사망자가 더 생길 수 있었고, 사건은 미궁 속으로 빠졌을 가능성이 높았다. 동반 자살을 시도했다고 단정하기엔 사망 시각이 하루 이상 차이 나는 시신이 한 장소에 공존하게 됐을 것이기 때문이다.

8) 투신에 실패하고 재차 자살을 계획한 청소년

사회부적응과 진로 문제로 며칠 전에 아파트에서 투신하려다가 실패했다는 글을 확인했다. 해당 계정을 찾아가 보니 졸업식을 마치고 죽으려는 계획을 세우고 있었다. 결행일까지 남은 시간은 3일 정도였다.

저자 : 투신에 실패한 거예요?

대상자 : 네. 한 번 시도했는데 겁나서 못했어요.

저자 : 아….

대상자 : 베란다 아래를 보는데 다리가 후덜덜 떨렸어요.

저자 : 그래서 다시 하려고요?

대상자 : 네. 이번 주에 졸업식 마치면 가려고요.

저자 : 아…. 님은 뭐 때문에 힘들어요?

대상자 : 스트레스성인 것 같아요. 눈물도 많고 폭식도 많이 해요.

[대상자와의 대화 내용]

대상자는 이번엔 실패하지 않을 것이라고 말했다. 며칠 전의 실패는 예행연습을 한 것이라 생각하기로 했다는 말을 했다.

자살의 예행연습

투신과 같은 자살 방법을 택한 사람은 예행연습을 한다. 이러한 연습 없이 무작정 뛰어내리는 것은 매우 극단적인 상황에서 우발적으로 벌어지는 행동이다. 따라서 투신할 장소에 서 있는 것, 뛰어내리려는 시늉을 하는 것, 투신할 장소를 자주 찾는 것 등 모든 행동은 예행연습이라 볼 수 있다. 이러한 연습이 끝나면 죽을 수 있다는 용기가 생기고, 결국 주변을 정리한 뒤 결행한다.

투신은 예행연습과 실행이라는 두 단계밖에 없고, 실행하면 거의 사망하므로 사실상 예행연습을 한 청소년은 무조건 신고대상이며 구조해야 할 대상이다.

예행연습을 마쳤다는 것은 곧 투신하겠다는 신호이기 때문이다.

9) 부모와의 갈등

"이제 같이 가요."라며 자살을 암시한 글을 적은 사람에게 댓글을 달면서 대화를 시도하고 있었다.

대상자는 주변 정리를 거의 끝났다고 했다. 친한 친구 몇 명에게 말하고 유서를 남기면 끝이라고 했으며, 지금은 죽을 방법을 고민하는 중이라고 했다. 자살 동기는 자퇴를 안 시켜준다는 것이었다.

자살 동기 및 계획, 주변 정리 수준을 봤을 때 죽겠다는 마음이 확고하다고 판단했고, 곧바로 경찰에 신고했다.

그리고 구조 후 대상자의 반응을 확인해보았다.

사후 관리가 가능한 이유

대상자는 신고인이 자신과 대화한 사람이란 사실을 모르기 때문에 자연스럽게 구조 후 상황을 확인할 수 있다. 왜냐하면 대상자에게 직접적으로 전화번호 같은 특정 정보를 넘겨받지 않았기 때문이다. 이런 이유로 대상자는 신고인이 대화를 다시 걸어도 '이 사람이 신고한 건 아닐 거야.'라는 생각을 하면서 대화를 이어 나가게 된다. 이 덕분에 구조 후 대상자가 자살 의지를 상실했는지, 아직도 자살 의지를 상실하지 않고 다음 계획을 수립해 추진 중인지 등을 확인할 수 있는 것이다.

대상자는 방금 경찰이 왔다갔다면서 혼나지 않았다는 점을 강조했다. 그리고 잠시 후 추가 계획을 언급했다.

대상자는 신고를 받고 출동한 경찰이 돌아간 뒤 곧바로 동반자를 찾았다. 이렇게 찾을 수 있는 이유는 SNS의 특징 때문이다. 동반 글을 여러 사람이 보고 대화를 시도하기 때문인데, 그 글이 삭제되지 않은 이상 자살자들은 해당 글을 기초로 해서 계속 대화를 이어간다.

사후 관리의 한계

신고인이 대상자와 직접적인 관계가 있는 사람이 아닌 이상 사후 관리를 하는 것은 한계가 있다. 신고인은 어디까지나 외부인이라 해당 신고가 최종적으로 어떻게 처리

됐는지 알 수 없으며, 이어지는 사후 관리는 가족들의 몫이지 신고인이 관여할 부분이 아니기 때문이다. 그저 신고 후에도 자살 암시를 보인다든지, 대상자의 SNS에서 이상한 점이 추가로 발견되면 재신고를 할 뿐이다.

그의 구체적인 계획을 확인해보았다. 같이 동반 자살을 하기로 한 사람은 20대 여성이었다. 이제 이 대상자를 다시 신고하기 위한 명분을 찾아야 했다. 이미 한 번 신고한 사람을 아무런 증거 없이 신고해봐야 무의미한 일이기 때문이다.

그는 죽을 장소까지 미리 정해두고 있었다. 그리고 그와 같이 죽기로 한 20대 여성이 누구인지를 알아보았는데[9], 다른 지방에서 열차에 치여 죽으려는 계획을 세웠던 성인 여성으로 이미 감시 중인 대상이었다.

대상자는 목요일까지만 등교한 뒤 그 다음 날인 금요일에 죽으려고 구체적인 계획을 세웠다. 대상자의 계획은 도구를 구입한 후 펜션을 예약해서 가는 것이다.

신고를 위한 구체적인 명분을 찾기 위해 대상자가 계획대로 움직이고 있는지를 확인해보았다. 아니나 다를까. 이미 도구를 인터넷에서 주문해 소지하고 있었다. 즉 계획대로 죽음을 준비하고 있었던 것이다.

---

9   동반 자살의 경우 죽을 방법과 계획, 결행일 등의 정보를 쉽게 파악할 수 있어서 누군가 동반 자살을 계획한다면 동반자의 정보 역시 쉽게 찾아낼 수 있다.

이는 사후 관리에 문제가 생겼다는 것을 의미했다. 대상자의 계획이 매우 구체적이고 실제로 도구까지 소지하고 있었기 때문에 재신고를 할 충분한 명분이 되었다. 그래서 곧바로 신고했다.

그런데 한 가지 문제가 생겼다. 두 번째 계획마저 실패하자 대상자가 가지고 있던 재료를 SNS를 통해 또래에게 판매하려고 했던 것이다.

대상자가 도구를 처분함으로써 단독 자살자가 생기거나, 동반 자살자가 늘어날 가능성이 있었다. 그 화덕을 어디에 보관하고 있는지 확인해야만 했다. 그것을 어디에다 보관하고 있는지를 알아내기 위해 재차 대화를 시도했다.

저자 : 재료를 판매하는 것 봤어요.
대상자 : 네. 저분이랑 갈려고 했는데 지금은 죽지 못할 일이 생겼어.
저자 : 네? 무슨 말이에요?
대상자 : 내가 못 죽게 경찰이 지키고 있어. 난 죽지 못해.
저자 : 억! 정말요?
대상자 : 응. 학교까지 경찰이 왔대. 죽으려고 화로를 샀는데, 지금 그거 가져갈 사람 구하는 중이야. 내가 글을 올리면 경찰이 단속해서 계속 우리 집에 오더라고.

[대상자와의 대화 내용]

그것을 어디에다 숨겨 놓았기에 경찰이 와도 걸리지 않았냐고 떠보았다. 그러자 책장 위에다 넣으면 안 걸린다고 했다. 다시 한번 경찰에 신고해서 부모에게만 알려 책장 위에 있는 물건을 회수할 수 있도록 해달라고 했다.

자살 희망자의 사후 관리가 부족하면 그는 2차 계획에 따라 자살을 추진한다는 것을 늘 생각해두고 있어야 한다. 만일에 그때 첫 신구 후 더 이상 사후 반응을 확인할 수 없다면, 그는 이미 준비한 도구를 활용해 세상을 떠났을 수 있다.

사후 반응을 체크하는 것은 물론, 자살 희망자가 다른 계획을 추진하지 않도록 사후 관리를 하는 것이 무엇보다 중요하다.

10) 팬 미팅에 나간 뒤에 죽을 것이다

SNS에 마지막 인사 글이 올라왔다. 대상자는 특정 연예인의 팬이었는데, 그것과 관련하여 부모와 갈등이 생긴 듯했다. 대상자는 혼자말로 글을 적었는데, 그 글에는 "팬 미팅하고 예쁘게 죽을 것"이라는 등의 표현이 들어 있어 죽음이 임박한 것으로 판단됐다.

대상자는 팬 미팅이 있는 날을 디데이로 잡고 있었다.

대상자가 최근에 적은 글을 과거부터 해서 살펴보았다. 그런데 죽음을 암시하는 글이 곳곳에 산재해 있었다.

늦기 전에 그와 대화를 시도했다. 대상자가 정한 디데이인 팬 미팅까지 이틀이 남은 상태였다.

저자 : 몇 살이에요?
대상자 : 아 전 ○○살이에요.
저자 : 이번에 팬 미팅 가시나 봐요.
대상자 : 네.
저자 : 언제 하는데요?
대상자 : 토요일 오후요.

저자 : 그 연예인은 많이 좋아하나 봐요?

대상자 : 네. 많이 좋아해요.

저자 : 그래서 그것을 마지막으로 하려고요?

대상자 : 네. 마지막으로 보고 싶어서요.

좋아하는 것을 못하는 것과 우울증의 차이

자신이 어떤 것을 좋아하는데 그것을 누군가 방해해서 죽음을 선택하는 것은 우울증과 크게 상관은 없어 보인다. 우울증이 있는 사람은 대화를 하는 도중이나 지금까지 적은 글에서 자살 동기가 뚜렷하게 나오는 경향이 있지만 이와 같은 경우는 뚜렷한 동기를 파악하기 힘들고, 그저 자신이 좋아하는 일을 못하게 한다는 이유만 나타나기 때문이다.

다만 이 경우는 자신이 좋아하는 것 이외에 의지할 만한 것, 혹은 사람이 주변에 없다는 것을 뜻할 수 있으니 주의가 필요하다.

만약 자신이 좋아하는 것을 부모가 받아들이지 않거나 이해해주지 않으면, 감성적인 청소년은 좋아하는 것을 마지막으로 보고(혹은 한 뒤에) 죽겠다는 마음을 먹을 수도 있다는 걸 염두에 둬야 한다.

때문에 부모님은 아이가 무엇을 좋아한다면 그것을 이해하고 공감해주는 모습을 보여주는 것이 좋으며, 그런 것에 집착하는 건 아이가 좋아하는 것 이외에는 의지처가 없기 때문일 수도 있다는 걸 알아두어야 한다.

11) 엄마와의 갈등 때문에

"최대한 빨리 가고 싶다."라는, 죽음을 암시한 글을 올린 사람에게 댓글로 대화를 하고 있었다. 그중에 눈에 띄는 것은 수면제를 먹고 나서 목을 멘다는 글이었다.

정리하자면 최대한 빨리 가기 위해 자살을 시도할 예정이고, 도구는 수면제, 방법은 목을 매는 것을 선택했다는 뜻이다. 이 상황에서 알아봐야 할 것은 수면제를 보유하고 있는지, 보유하고 있다면 양은 어느 정도 인지이다. 소량으로는 목적을 달성하기는 어려울 수 있기 때문이다.

그런데 수면제를 먹고 목을 매는 것은 당장 시도하는 것도 가능하다. 수면제를 섭취한 후 불완전 목맴으로 떠날 수 있다는 뜻이다. 그와 대화를 하면서 자살 동기부터 확인해보았다.

그러자 공황장애와 불안 장애가 심해서 약을 처방받았는데, 도저히 병을 버티기 힘들어 세상을 등지고 싶다는 이야기를 했다.

약을 모아놓는 이유

공황장애와 불안장애로 더 이상 고통받고 싶지 않다는 사람이 여럿 있었다. 정신질환이 계속되는 걸 더는 견딜 수 없어서이다. 이들 중 자살을 선택하려는 사람은 약을 먹지 않고 모아놓는다.

대상자는 병원에서 치료를 받고 있었다. 병원에서 처방받은 수면제를 복용하지 않고 모아놓고 있었다. 이 정도 양을 모을 정도라면 마음을 굳건히 했을 가능성이 크고, 구체적인 계획 또한 세웠을 것이다.

게다가 그는 성인 여성과 동반하려고 대화를 시도한 적이 있었다. 그 성인이 누구인지를 알아보았는데, 며칠 전에 어떤 청소년과 익사하려고 해서 신고된 사람이었다.

이 성인 여성은 사는 지역이 멀고 자살하려는 방법도 달라 둘이 함께 결행할 확률은 낮아 보였다. 결국은 대상자의 단독 자살을 생각할 수밖에 없었다.

이미 다량의 수면제를 모아놓았고 죽을 방법까지 정해놓아서 그의 특정 정보를 파악해서 경찰에 신고했다. 그리고 사후 반응을 살폈다.

그런데 사후 관리에 문제가 생겼다. 부모에게 약을 반절 이상 뺏겼음에도 그는 남은 약으로 결행할 것을 결심했다. 그리고 죽을 시기를 확정했는데, 그것은 바로 내일이었다.

구조 이후의 반응을 보면

청소년들의 구조 이후 반응은 다양하다. 자살을 완전히 포기하거나, 죽을 일자를 더 늦추거나, 계획대로 추진하거나, 일자를 앞당긴다.
대체로 사후 관리가 부족하면 이미 계획한 것을 그대로 추진하는 경우가 많고, 죽을 일자를 정해놓지 않은 사람은 1~2일 이내에 결행한다. 자신의 자살 시도가 가족에게 알려져 부모에 대한 미안함이 크고 더 이상 살 수 있는 힘이 없어서일 수 있다.

부모가 신속히 대응을 해야 하는데 갑작스러운 자녀의 자살 소식에 당황해서 생각을 정리하지 못한 탓이다. 대상자와 대화를 하며 어떤 식으로 결행할 것인지 들어보았다.

대상자는 내일 결행하려고 흔적을 모두 지우려고 했다. 정보통신망에 올라가 있는 정보와 휴대폰을 포맷을 시키려고 했다. 그의 움직임이 급해 보인다. 그의 새로운 움직임이 확연히 드러나고 있어서 다시 신고했다.

그리고 경찰관이 부모를 연결해줘서 통화를 했다. 생각한 대로 부모는 자녀의 자살 시도 소식에 충격을 받아 어떻게 해야 할지, 자녀와 어떤 대화를 해야 할지 고민하고 있었다. 사실 자녀의 자살시도 소식에 힘들지 않을 부모가 어디 있고 충격을 받지 않을 사람이 어디 있겠나.

 # 청소년이 약물 치료를 받고 있을 때, 관리가 중요하다

청소년이 수면제를 모아놓는 경우가 있다. 그것을 한 번에 털어 넣기 위해서일 수 있다. 그래서 담당의는 부모에게 자녀가 약을 모아놓지 않는지 수시로 확인할 것을 당부해야 하고, 부모 역시 자녀가 약을 먹을 때 지켜보거나 필요한 만큼의 약을 섭취하도록 관리해야 한다.

자살을 시도하려는 사람이 가장 먼저 고려하고 구하는 도구가 수면제이다. 수면제는 정신을 몽롱케 하면서 자신이 계획한 방법을 결행할 때 무서움을 덜어준다. 만약 수면제의 양이 부족하면 정신병동에서 연거푸 상담을 받으면서 다량의 수면제를 모으거나, 제삼자로부터 수면제를 불법으로 구입하기도 한다.

---

12) 아버지의 폭력으로

저도 같이하면 안 되나요? 저 중학생입니다. 저도 죽고 싶은데, 동반 자살하면 무섭지 않을 것 같아요.

[대상자가 올린 글]

사람들에게 죽음을 구걸하고 있는 글이 보였다. 내용을 보니 나이가 정말 어린 것 같았다.

 # 글만으로 연령 고려

동반자를 구하는 글에서 죽음을 구걸하는 이는 나이가 어린 경우가 많다. 성인 역시 죽음을 구걸하기도 하는데, 성인은 하소연을 하는 경우가 별로 없다. 죽음을 구걸하면서 자신의 사정을 세세하게 이야기고 있는 사람은 청소년인 경우가 많다.

대상자는 죽을 마음은 있으나 죽음에 대한 두려움을 가지고 있었다. 그래서 동반 자살할 사람을 구하고 있었다. 그와 대화를 해 보았다.

> 저자 : 계획이 있어요?
> 대상자 : 그냥 죽으면 되지 무슨 계획이 필요해요?
> 저자 : 어떻게요?
> 대상자 : 유서만 쓰고 가면 되잖아요.
> 저자 : 유서요?
> 대상자 : 네. 근데 전 매일매일 일기를 써서 유선 안 써도 돼요.
> 저자 : 일기장에요?
> 대상자 : 네. 전 행복하게 죽을 거니까요.

[대상자와의 대화 내용]

그가 작성했다는 일기장의 내용이 궁금했다. 도대체 얼마나 힘들기에 하루하루 유서와 같은 일기를 작성하고 있는지. 그래서 작성한 일기를 보여 달라고 했다. 그랬더니 "아, 저는 부모님 때문에 힘들다고 많이 적었는데… 보여주기가 쪽팔려요"라면서도 일기를 보내주었다. 그 일기는 휴대폰에 저장한 일기였다.

그중에서 몇 개를 확인해보았다.

대상자는 일기에 사회에 대한 불만 등 하고 싶은 말을 적었다. 편한 마음으로 삶을 내려놓기 위한 일종의 방편으로 보였다. 대상자가 느끼는 죽음에 대한 행복은 "직접 가족들에게 말을 하지 못하는 것을 이렇게 메모로나마 다 하고 있어서 불평불만 없이 떠난다."라는 만족으로 보였다.

다음 생이 있으면 더 좋은 곳에서 살 거야.
행복한 가정집에서 태어날 거야. 술 좋아하는 아빠는 싫으니, 다정한 아빠를 만날 거야.

[대상자가 적은 일기 내용 중 일부]

위 사례처럼 다른 일기에서도 부모와의 갈등이 크다는 것을 보여주고 있다. 본래 유서는 딱 한 번 쓰는 것이 보통인데, 이 대상자는 죽기 전까지 일기 형식의 유서를 써 왔다. 그래서 행복하다고 말하고 있는 듯했다.

부모와의 갈등 원인을 찾아보았다. 대상자는 아버지의 술주정 때문에 힘들어했다. 경찰에 신고를 해봤는데 그냥 되돌아가는 등 제대로 도와주지 않는다는 말도 했다.

다양한 문제가 있었는데, 그중에서 제일 큰 문제는 가정 내 폭행이었다. 경찰이 가정폭력에서 적극적으로 대처하지 않았고, 더 이상의 신고는 무의미하다는 것을 깨닫자 죽음을 선택하기로 한 것이다.

대상자는 이미 유서를 작성하고 죽을 날을 정해놓았기 때문에 구조가 시급했다. 특정 정보를 파악해서 신고하며 여청계에 부모와의 갈등을 조정할 수 있도록 도움을 달라고 했다.

그렇게 신고를 마치고, 행복하다는 글을 쓴 사람이 있어서 대화를 시도했다. 그런데 신고했던 그 대상자였다.

음…. 제가 생각해둔 건 애들이랑 마지막으로 가는 소풍 끝나고, 그리고 시험도 끝나고 갈려고요.

[다시 만나게 된 대상자와의 대화 중 일부]

이게 도대체 어떻게 된 일인가. 알아보니 사후 관리에서 문제점이 드러났다.

이렇듯 사후 관리가 문제가 되는 경우가 많다.

 # 생각해 보자

당신의 자녀가 죽을 계획을 구체적으로 세우면서 유서를 작성했다. 그런데 어떤 사람이 그 사실을 알고서 신고를 했다. 그렇다면 당신은 어떻게 할 것인가?

이때 인터넷을 보고 신고했는지, 아니면 그 사람을 잘 알고 있는 사람이 신고했는지에 따라 받아들이는 정도가 다를 수 있다. 특히 인터넷을 보고 신고했을 경우, 자세한 내용을 구체적으로 전달하지 못하기 때문에 심각하게 받아들이지 않는 경우가 많다.

하지만 온라인으로 확인했든 오프라인으로 확인했든 간에 상황은 다르지는 않다. 그저 그 사람을 잘 알고 있는 주변인이 신고한 것인지, 얼굴도 모르는 제삼자가 신고한 것인지만 다를 뿐이다.

SNS에서 유서를 준비하고 죽을 계획을 세운 것이나 종이에 유서를 적고 주변 사람들에게 죽을 것이라 말하는 것이나 똑같다는 것이다.

---

13) 학업 문제로

자살을 암시하는 글이 발견되었다.

오늘 아니면 새벽에 집 옥상에 올라갑니다. 재미있는 일도 있었지만 슬픈 일이 더 많고, 더 이상 폐 끼치기 싫네요.

[대상자의 자살 암시 글]

오늘이면 곧이고, 새벽이면 00시를 지난 새벽을 말한다. 즉 12시간 이내에는 결행할 것이라는 것을 의미하고, 투신 장소로 옥상을 선택

한 것은 이미 예행연습을 마쳤다는 뜻이다. 또한 '재미있는 일도 있었지만 슬픈 일이 더 많다.'는 것은 회상할 정도로 삶의 즐거운 시기도 있었지만 그것으로는 덮을 수 없는 절망을 느꼈다는 걸 의미하고, '더 이상 폐 끼치지 싫네요.'라는 말은 사람들에게 피해를 주지 않기 위해서 죽음을 선택한다는 뜻이다.

여기에서 특히 주목해야 할 것은 '오늘 아니면 새벽'이라는 표현이다. 즉 죽을 날짜를 이미 정했다는 것이다. 대부분의 청소년은 자살 예정일을 설정한다. 그 이유는 그 날이 될 때까지는 악착같이 살기 위해서이거나 자살 예정일까지 모든 준비를 마치고 죽음을 맞이하기 위해서이다.

대상자는 전자보다는 후자의 의미가 강한 자살 예정일이다. 이날, 성공하든 실패하든 결행하겠다는 의미다. 그런데 이미 예행연습을 마친 상태이기 때문에 발만 살짝 때면 성공할 가능성이 매우 높다. 결행에 실패하는 경우는 제삼자가 대상자를 구조하기 위해 나서지 않는 이상 없는 상황이었다.

다행히 대상자와 대화를 할 수 있었다. 예상한 대로 "한두 번 집 옥상위로 올라갔는데 다리가 떨렸다."는 이야기를 했다. 이미 예행연습을 마친 상태라는 것이나. 그리고 동기는 부모님이 이혼하고 홀아버지 밑에서 자라고 있는데, 정작 본인은 공부도 안 하고 놀기만 해서 죄책감이 들었다는 것이었다. 결국 부모님이 이혼하신 후 아버지에게 노력하는 모습을 보이지 못했고, 그 죄책감을 이기지 못해 죽으려고 하는 것이다.

대상자는 아버지와 단둘이 사는데 공부를 더 열심히 하고 싶지만 그것이 쉽게 되지 않는다며, 죽어야 할 이유가 별거 아닌 것으로 보여도 그게 동기라고 했다.

이렇듯 청소년 자살은 위 사례처럼 죽어야 할 이유가 구체적으로 정해지는 경우와 죽어야 할 이유가 없으나 죽어야 한다는 생각을 하는 경우로 나뉜다. 후자의 경우 나만 없어지면 누군가 행복할 것이라는 생각에서 비롯된다.

대상자는 죽을 날을 이미 정했을 뿐만 아니라, 지난날 힘들고 즐거웠던 추억까지 회상을 마친 상태로 삶에 대한 미련이 없어 보였다. 대상자의 구조가 시급했는데, 특정할만한 정보가 일체 없었다. 그래서 대화를 하면서 대상자 구조에 필요한 정보를 하나둘 찾아냈다.

그 결과 간신히 대상자의 특정 정보가 파악되었고 경찰이 현장에 출동했다. 그런데 대상자가 경찰을 따돌렸다. "장난으로 글을 적었다." 라고 말한 것이다. 이에 경찰은 그 말을 믿고 현장에서 빠져나갔다.
하지만 신고인은 경찰이 현장에 도착했는지는 알지 못하기 때문에 사후 관리를 진행해야 했고, 그 결과 경찰이 출동은 출동했으나 일이 해결된 것은 아니라는 걸 알았다.

> 오늘 구글에 동반자살 구한다는 글을 올려서 경찰이 온 것 같아요. 그럼 마저 장소를 정해야겠네요.

[계획을 계속 이어가는 대상자]

대상자는 계획대로 일을 진행하고자 했고, 죽겠다는 의지는 여전히 확고했다.

투신은 사실 자살 희망자가 그 장소에서 뛰어내리기 직전이 아닌 이상 그가 정말 결행할 사람인지 아닌지를 알 수 없다. 저자 역시 직접 대상자를 눈으로 확인하지 않고 그가 대화하는 패턴을 분석하면서 진위여부 및 움직이는 동선을 확인하고 있으므로 이를 확신하지 못한다.

대상자가 경찰을 따돌린 이력이 있고, 지금 다시 계획을 진행하고 있는 것이 보여서 경찰에 재차 신고했다. 이번에는 경찰이 대상자와 이야기를 했는데 실제로 죽을 생각을 가지고 있음을 밝혔다. 그래서 경찰은 아버지에게 전화해서 이 사실을 알렸고, 아버지가 집으로 올 때까지 경찰이 대상자와 함께 머물다가 신병을 인계했다.

만일에 사후 관리를 하지 않았으면 청소년은 계획대로 결행했을 것이다. 그러면 이전에 출동했던 경찰관은 허무함을 느낄 것이고, 이를 아버지에게 알리지 않고 자신의 판단에 따라 사건을 종결한 책임이 컸을 것이다.

이러한 사후 관리를 할 수 있는 이유는, 앞에서도 언급한 적이 있지만 대상자가 신고인이 저자라는 것을 알지 못하기 때문이다. 저자는 자살 감시 대상자의 동향을 분석하기 위한 범위 내에서 대화를 하고 있고, 그렇기에 신고인이 저자라는 것을 알지 못한다. 그 덕분에 대상자가 계획대로 움직이는지, 결행을 포기했는지를 당사자의 입으로 들을 수 있다.

　지금까지 신고해서 구조된 청소년의 대부분이 자살을 포기하는 모습을 보였고, 재차 자살을 시도한 경우는 극히 소수였다.
　이것은 자살을 결심한 원인을 해결해주기 위해 경찰에서 부단하게 노력한 결과이다.

14) 엄마 자살 후 고통

　엄마의 자살 이후 고통에 시달리는 대상자가 있었다. 그런데 그 대상자가 자살을 생각하는 사람들에게 자살 도구가 아무것도 없으니 수면제를 나눠달라는 글을 적은 것이 확인되었다.

　대상자의 대화명은 '이승에 미련이 없어요'였다. 죽음을 암시하는 대화명이다. 그리고 대상자가 올린 글 중에는 자살 동기와 함께 극단적인 표현이 적혀 있었다. 자살 동기를 뚜렷하게 기재하고 본인의 신상 정보를 알리고 있는 점에서 볼 때 진심임을 알 수 있다.

청소년의 극단적인 표현

죽음을 구걸하는 청소년 중에는 매우 극단적인 표현을 적는 이도 있다. 그들은 "칼로 배를 찔러버린다, 목을 칼로 벤다는 등"의 말을 한다.
즉 이런 청소년들은 첫 시도에 매우 극단적인 선택을 하는 경우로, 글을 적은 것 자체에 신빙성이 두고 봐야 한다.
만약 죽음에 내한 극단적인 표현에서 진정성이 엿보이면 그 청소년은 죽을 가능성이 크다고 생각할 수 있다.

대상자는 엄마의 자살 이후에 생긴 고통과 아버지와의 갈등이 자살을 하려는 원인이었다. 그런데 수면제를 언급한 점에서 볼 때 정신적인 치료를 받지 않은 듯했다. 아무래도 혼자 고통 속에서 하루하루를 버티고 있는 듯 보였다.

대상자와 대화하다가 다른 SNS 정보를 알아냈다. 자살을 암시하는 게시글은 타인의 신고로 삭제되는 동시에 계정 자체가 정지되기도 하는데, 그러면 대화는 단절되고 결국 청소년을 구할 길은 없어지게 된다.

> **# 청소년의 동반자 모집 글**
>
> 청소년이 동반자 모집 글을 올리는 이유는 단독 자살을 기도하기 전에 동반자를 찾아보려고 하는 것이다. 즉 동반자가 있어야만 죽음을 맞이하는 것이 아니다.
> 그래서 대화가 단절되면 혼자서 죽음을 맞이할 수도 있다.

청소년은 이미 동반할 사람과 대화를 시도했고, 또한 만날 예정이었다.

대상자는 칼로 배를 찔러죽거나 수면제를 먹고 연탄불을 피워서 죽겠다고 했다. 이것은 죽음에 대한 무서움을 드러내는 것으로, 수면제를 먼저 섭취하고 편안한 상태에서 죽음을 맞이하고 싶다는 뜻이다. 즉 수면제만 있으면 단독으로 실행할 의지가 있고, 만약 수면제를 얻지 못하면 칼로 복부를 찔러 죽음을 맞이하겠다는 것이다.

그런 상황에서 대상자는 이미 동반자를 구했다.

20대 성인이 차량을 타고 픽업하러 온다고 했다. 그 성인이 수면제와 차량, 연탄을 모두 준비했다고 말했고, 이번 주에 같이 죽기로 합의했다는 것이다.

대상자가 다른 범죄에 피해를 입을 가능성이 있고, 죽는 방법과 자살 동기, 그리고 의지가 뚜렷하여 구조가 시급했다. 다양한 방법으로 특정 정보를 파악해 경찰에 신고해서 구조했다.

15) 형제와의 차별대우

부모가 다른 형제들과 비교하는 것이 싫고, 그 때문에 나쁜 친구들과 사귀면서 술과 담배를 배웠다는 청소년이 "더 이상 살 이유가 없다."면서 집에 아무도 없을 때 투신하겠다는 계획을 세운 것을 포착했다.
대상자의 집인 빌라는 고층 빌딩에 비해 낮았으나, 결행할 의지가 뚜렷해 보였다.

저자 : 죽으려는 이유는요?
대상자 : 아, 저는 부모님과 친구들 때문에 힘들어요.
저자 : 그리고요?
대상자 : 다른 형제들과 비교하면서 공부 못한다고 혼내요.
저자 : 엄마가 혼내는 거예요?
대상자 : 네. 도대체 할 수 있는 게 뭐냐면서요.
저자 : 아….
대상자 : 스트레스받아서 나쁜 애들이랑 어울려 술 먹고, 담배 피고 그랬어요.

[대상자와의 대화 내용]

주변 정리는 어떻게 하고 있는지 알아보았다. 유서 쓸 것 없이 바로 떨어져 죽는다고 했다. 그래서 곧바로 대상자 특정 후 경찰에 신고했다.

 # 유서 작성 여부에 따른 확고성

유서는 죽기 전에 하고 싶은 말이 있는 사람이 작성한다. 이때 유서에서 적은 대로 이행되지 않으면 유서를 변경하거나 잠시 죽을 날을 미룬다.
만약 유서를 쓰지 않고 자살을 시도하는 사람이 있다면, 그 사람은 더 이상 하고 싶은 말이 없다고 외치는 것이다.

---

16) 우울증

이번 대상자는 이미 자살 시도를 여러 차례를 한 듯했다. 집에서 감시를 받고 있는 상태라 몰래 같이 죽을 사람을 찾고 있었다. 대상자의 계획은 간단했다. 잠깐이나마 외출이 가능한 시간에 동반자와 만나 떨어져 죽는 것이다.

대상자는 이미 같이 죽을 동반자인 성인을 구했고, 죽을 장소는 물론 만날 시간까지 정해놓은 상태였다. 그와 대화하면서 동반자의 특정 정보까지 확보한 후 신고하여 두 사람 모두 구조할 수 있었다.

2.
구조 실폐 사례

지금까지 구조된 청소년은 결행 전에 구조했다. 구조에 이르게 되는 과정은 아래와 같다.

---

1) 자살 의심 글 확인
2) 과거의 흔적 확인
3) 자살 계획 확인
4) 이별 글, 유서 등의 내용을 토대로 특정 정보를 파악
5) 경찰에 신고

[구조 과정]

하지만 이번에는 이런 과정을 진행하다가 미처 구조하지 못하고 하늘로 떠난 안타까운 사례를 말해보고자 한다.

오늘 새벽 가슴에 칼 찌르고 투신자살할 건데 같이 할 분을 구합니다. 인신매매나 이딴 분들은 연락하지 마세요. 그 자리에서 죽여 버릴 거니까요. 농담 아니고, 마음 정해서 자살하러 가는 거니까요.

[대상자가 적은 글]

이 글은 작성되고 시간이 좀 지나서 발견했다. 글만으로는 진위를 파악하기 어려웠다. 하지만 죽겠다고 선언한 날이 오늘 새벽이라는 점, 죽을 방법이 투신이라는 점, "죽여 버리겠다."는 등 잔인한 표현을 쓰고 있는 점에서 극도의 흥분상태라는 것을 의심해볼 수 있었다.

이러한 상태일 때는 홧김에 글을 적기도 하는데, 오늘 새벽에 투신을 한다는 글에 구체적인 방법까지 적혀 있는 것을 보고 심상치 않다고 생각했다.

대상자가 남겨 놓은 메신저 정보가 있어서 대화를 시도해보았는데 일체 응답이 없었다. 메신저의 메인에는 "먼저 간다."라는 의미심장한 글이 적혀 있었다.

새벽에 칼로 찔러 자살할 것이라는 글을 남겼고 전날 동반자와 결행하기 위해 대화를 시도한 것까지 확인한 저자는 대화를 시도했으나 일체 응답이 없기 때문에 메신저에 있는 정보를 추출해서 경찰에 신고했다.

경찰에서 대상자를 특정해서 집으로 출동했다. 그런데 몇 시간 전에 밖에 나갔다는 것이다. 그리고 확인된 대상자의 마지막 위치는 대교 부근이었다. 그곳에서 더 이상 움직임이 확인되지 않았다. 경찰이 해경과 공조해서 그 일대를 수색했는데 찾을 수 없었다. 그 상태로 하루 이틀이 지나자 경찰도 마음 아파서인지 대상자의 흔적이 있는지를 저자에게 문의했다. 대상자의 관련 정보를 다시 확인해보았으나 그의 흔적은 더 이상 없었다.

그리고 보름 뒤, 타 지역 경찰서에서 저자에게 전화가 왔다. 혹시 이 학생을 아느냐고. 전화가 온 이유를 저자는 짐작할 수 있었다. 결국 시신이라도 부모님께 잘 인계를 해달라는 말을 할 수밖에 없었다.

대상자의 부모가 이 소식을 들으면 얼마나 마음이 아플지 눈에 훤했다. 자녀가 싸늘한 시신으로 돌아왔다는 사실에 통곡하지 않을 부모는 없을 테니.

그때 사건을 담당한 형사 역시 마음 아파했다.

'자살 암시 글을 1시간이라도 더 일찍 발견했으면' 하는 아쉬움이 있다. 지금까지 구조한 청소년들의 보호자는 숨진 이 학생에게 미안함을 가져야 한다. 그리고 더 이상 자녀들이 자살을 시도하지 않도록 철저하게 관리해주기를 바랄 뿐이다.

구조하고 나서 대상자의 부모가 안일한 태도를 보일 때면 머리끝까지 화가 날 때가 있다. 그리고 그런 부모에게 이렇게 묻고 싶다.

"이 사례처럼 당신의 자녀가 자살을 계획하고 있다는 걸 늦게 발견했으면, 어떻게 되었을까?"

대상자가 고인이 된 이 사건은 지금도 생생히 기억난다.

왜냐하면 대상자를 살리지 못했다는 아쉬움과 답답한 심정에 태백산을 맨발로 올랐다가 진드기에 물렸기 때문이다. 그 결과 1주일 후에 고열과 마비 증상, 호흡 곤란이 와서 병원에 가서 1주일 동안 입원하기까지 했다.

세상을 떠난 그에게 편지를 한 통 써서 보낸다.

네가 얼마나 힘들었는지는 안다. 네가 몇 번이고 도와달라고 외쳤지만 어른들은 외면했구나. 외면당한 너의 마음을 알기에, 너를 지켜주지 못한 어른이기에 미안하구나. 부디 이승에서 아팠던 상처는 다 잊고 하늘에서 천사들과 행복하게 지냈으면 좋겠다. 하늘에서는 부디 힘들지 않았으면 하고, 다음 생애에는 외로움 없이 살기를 바란다.

VII.
자살 예방을 위한 방법

1.
자살 관련법 개정촉구

저자는 2000년도부터 시민단체 간사를 하면서 사이버상의 유해공간을 집중 감시해왔다. 자살도 예외는 아니었다. 당시에도 실제로 죽을 결심을 한 사람과 대화하고 신고했고, 2018년 2월부터 자살 예방 감시단으로 개인등록하면서 체계적으로 감시 활동을 했다. 그 결과 SNS에서 자살 모의가 이루어지는 이유 중 가장 문제가 동반자 모집 및 자살 정보 공유에 대한 처벌 규정이 없는 점과 단독 자살은 법원으로부터 영장을 받을 수 없고 통신사와 인터넷업체에서 협조를 받기 어렵다는 점이었다.

이러한 경험을 바탕으로 자살률을 줄이기 위한 방책을 국회의원들에게 입법 검토해줄 것을 요구하기도 했다.

민원현황   — **f** 🐦

나의 민원현황을 확인할 수 있습니다.

정보통신망법 동반자살자의 심각성. 법률적 개정필요성

신청번호	E-1917660	신청일	2015-09-24		신청자	유규진
처리상태	처리완료					

사회문제	동반 자살자를 모집하고 있는 사람에 대한 처벌 규정이 없습니다. 형법상 자살 방조죄나 자살 교사죄는 있어도 실제 인터넷에 글을 올린 것을 처벌할 수 있는 규정은 없습니다. 때문에 해당 내용을 관계 기관에 신고해도 딱히 제지할 방법이 없고, 결국 그들을 그대로 방치해 동반 자살 확률을 키우고 있습니다.
법률개정 의견	정보통신망법에 자살 방조나 자살 교사를 문의하는 글을 올린 사람을 처벌할 수 있는 법률 규정을 마련해주시기 바랍니다.
법률이익	법률에서 보호 법익은 사람의 생명이고, 위험범(위태범)입니다. 법이 개정되면 1) 동반 자살자를 처벌할 수 있는 근거 마련으로 사전에 그 자살자를 보호해줄 수 있고, 2) 동반 자살자의 모집인이 자살 교사나 방조하기 위한 것이라고 하면 그 사람을 처단함으로써 타인의 생명을 보호할 수 있고, 3) 자살의 심각성을 사법당국에서도 알게 되어 새로운 도약의 기회로 삼을 수 있고 4) 동반 자살로 죽으려는 사람들의 행동을 사전에 막을 수 있으며, 5) 자살 교사나 방조라는 엄밀한 법이 마련됨으로써 자살사이트를 사이버 수사대에서 사전에 수색, 감시, 차단하는 등 자살 예방에 일조할 것으로 기대합니다.

[저자가 직접 접수한 민원]

국회 상임위원에 소속된 의원에게 전달한 내용에는 사례 위주로 적어서 통신 수사 비협조와 관련된 법률에 대한 개정을 촉구했다.

사례 1) 요구조자가 각각 다른 지역에서 동반 결행을 한다고 해서 경찰에 신고했으나, 요구조자의 휴대전화 번호가 3대 통신사(SKT, LGT, KTF)가 아닌 별정통신사업자라서 위치추적이 되지 않아 결국 수색 중에 있는 상태임.

문제점	해결방안
별정통신사업자들은 위치추적이 되지 않고 있음.	별정통신사업자들도 위치 추적이 되어야 함.

사례 2) 요구조자는 남학생으로 아파트에서 투신할 것이 확실해 신고했으나, 신고 후 별도의 조치가 이루어지지 않아 결국 재시도 의지를 보여서 경찰에 재신고 후 구조함.

문제점	해결방안
요구조자를 구조한 이후 경찰이 자살 예방 센터에 인계하도록 하는 법률 규정이 없어서 각 사건마다 후속 조치가 다름.	요구조자 구조 이후에는 반드시 정신보건 병원에서 상담을 받도록 하는 규정이 있어야 하며, 관할 경찰서에서는 자살 예방센터와 연계해서 상담이 지속될 수 있도록 노력해야 한다는 규정이 필요함.

사례 3) 지방에서 점심쯤에 목숨을 끊으려고 하는 사람이 있어서 경찰에 신고했으나 통신 수사영장을 받는데 상당한 어려움이 있었음.

문제점	해결방안
통신 수사 자체가 어렵고, 법원에서 영장이 안 나오는 경우가 많음.	자살 수사에도 법원에서 영장이 나올 수 있도록 하고, 통신 수사가 이루어져야 함.

[저자가 상임위에 법률 개정을 부탁하며 보낸 사례와 해결 방안]

　　이번에 집필하면서 청소년의 자살 문제점을 파악해보았다. 지금까지는 자살에 노출된 청소년 위주로 예방활동을 해왔는데, 이것은 근본적인 해결책이 되지 못한다. 자살을 예방하려면, 자녀를 자살 환경에 방치하고 있다는 사실을 교육으로 부모에게 알려주어야 한다.

현재의 자살 예방 방식은	향후 자살 예방 방향은(개선점)
학생(당사자)에 대한 자살 예방 교육 등을 통해 자살을 예방한다.	자녀를 관리하는 부모와 학교 선생 위주로 자살 예방법 등을 교육할 수 있도록 법률상 개선안을 마련한다. 학생 및 자녀들에 대한 어른들의 관점이 바뀌도록 해야 한다.

2.
자살 예방 분야의 제도적 마련 필요

1) 부모와 교직자에게 자살 감시 방법을 교육시켜야

가족 등의 명의로 회원가입 한 계정이 있는지를 확인하면서 비밀 계정을 찾아낸다. 또한 휴대폰을 새롭게 교체할 때는 기존의 휴대폰을 회수하도록 하거나 폐기시키도록 한다. 즉 1인당 한 대의 휴대폰을 소지하는 것으로, 공기계나 기존 폰은 모두 폐기시켜 소지한 휴대전화 이외에는 와이파이로 인터넷에 접촉할 수 있는 환경을 제거해야 한다. 특히 자살 고위험군이거나 우울증으로 치료를 받고 있는 자녀에게는 휴대폰 한 대 원칙을 지켜 집에 있는 공기계(다른 가족들의 것을 포함한 공기계)를 모두 회수해 제2의 연락망을 차단한다.

청소년은 부모나 선생님에게 말하지 못하는 것을 자신만의 SNS 공간에 풀고 사친과 많은 대화를 나눈다. 일상적인 대화는 문제 될 것이 없지만, SNS를 통해서 자살을 다짐하는 글을 쓰는 것은 문제가 될 수 있다. 그렇다고 이 것을 정부 차원에서 관리할 수 없을 것이다. 때문에 자녀가 있는 부모가 이 일에 적극 나서야 하고, 현실적인 교육을 시켜야 한다. 또한 SNS에서 어떤 일이 벌어지고 있는지를 보여주면서 그 심각성을 부각시키는 것이 최선의 예방법이다.

2) 부모는 자녀의 자살 징조를 알면 자살 예방 상담기관에 상담받도록 유도해야 한다

소년법에서는 소년의 심리 기일에 소환장을 받은 부모가 출석하지 않으면 동행 영장을 발부하도록 되어있다. 이러한 규정은 자녀 관리의 제1책임이 부모에게 있기 때문이다. 저자가 자살 희망자를 신고하면서 느낀 것은, 부모의 무관심이 자녀를 죽음으로 몰아갔다는 것이다. 이렇듯 자녀의 생명을 지키는 것은 부모에게 있어서 제일 큰 책임이자 의무이다.

청소년은 어른들의 사랑과 관심을 원한다. 즉 사랑과 관심이 부족하다고 느끼면 자신을 죽음으로 몰아세우는 것이다. 부모의 무관심은 결국 자녀를 죽음에 방치하는 결과를 낳게 된다. 만약 자녀가 자살 시도를 하거나 자살 환경에 노출이 되어 있는데, 그러한 사실을 알았음에도 이를 혼자만의 생각과 판단으로 방치한다면 결국 자녀는 치료받을 수 있는 기회가 영영 없어진다. 결국 자녀는 자살 징조를 부모에게 보이지 않으면서 자살 계획을 수립하고 추진할 것이다.

이를 막기 위해서라도 자녀의 자살 징후를 알았을 때 반드시 자살 예방상담기관에 상담을 받도록 하는 법률적 제도를 마련할 필요가 있는 것이다.

제도가 마련되기 전	제도가 마련된다면
부모만의 판단으로는 자녀의 내면적인 문제를 파악하기 어려움	부모의 단독판단이 아닌 전문 상담 기관을 통해서 내면적인 문제를 파악해 자살 예방에 실질적으로 기여할 수 있음.

자살하려는 청소년들의 글을 보면, 우울증에 대해 부모에게 말을 했는데 그냥 견디라는 말을 들었다고 하거나, 이 정도도 못 버티는데 사회생활 어떻게 할 것이냐는 쓴소리를 듣거나, 우울증약을 먹고 싶은데 약도 먹지 말라고 하거나, 유서를 식탁 위에 올려놓은 것을 엄마가 보았는데 아무 말도 없었다는 등 자살 징조가 있는 대부분의 청소년은 부모에게 이미 자신의 힘든 점을 말한 적이 있었다.

심지어 자살 직전에 구조된 자녀에게 이렇게 말하는 부모도 있었다.
"그 새끼 자살 쇼한 거니 신경 쓰지 마. 우리만 생각하자."
이렇듯 부모가 자녀의 자살을 심각하게 받아들이지 않고 자살을 시도했다는 사실 자체만 비난하는 경우도 있다.

자살 예방존중법 제3조는 국민의 권리와 의무규정으로, 국민과 국가 및 지방자치단체의 의무 규정을 두고 있다.

제3조 국민의 권리와 의무
① 국민은 자살 위험에 노출되거나 스스로 노출되었다고 판단될 경우 국가 및 지방자치단체에 도움을 요청할 권리가 있다.
② 국민은 국가 및 지방자치단체가 자살 예방 정책을 수립·시행함에 있어 적극 협조하여야 하며, 자살을 할 위험성이 높은 자를 발견한 경우에는 구조되도록 조치를 취해야 한다.

여기에 제3항으로 "보호자는 보호 대상자가 위 ①항에 의거하여 자살 위험에 노출되었다 판단하거나, 보호 대상자가 직접 자살 징후를 표현했을 경우 반드시 자살 예방기관에 도움을 요청해야 한다."라는 항목을 추가해야 한다.

3) 학폭위법 개정이 필요하다

 학교폭력예방법은 폭행 및 따돌림 등의 피해를 입은 학생을 보호하기 위해 생긴 법이다. 그런데 이 법은 피해 학생의 보호에만 치우쳐 있다. 학생을 생각하면 피해자가 받을 수 있는 고충만이 아니라 가해 학생의 고충 또한 고려되었어야 한다.

 그리고 학교 내외에서 발생하는 사건 중에서 강력범은 당연히 형사적 처벌을 수반해야 함에도 학교 폭력 안에 "약취 유인, 성폭력, 감금, 협박"까지 포함하고 있어서 학교 폭력 자체를 이와 준한 행위라고 생각할 수 있고, 이는 사람들에게 심리적 부담감을 가중할 수 있다.

 학교 폭력이란 학교 내외에서 학생을 대상으로 발생한 상해, 폭행, 감금, 협박, 약취·유인, 명예훼손 및 모욕, 공갈, 강요 및 강제적인 심부름, 성폭력, 따돌림, 사이버 따돌림, 정보통신망을 이용한 음란·폭력 정보 등에 의하여 신체·정신 또는 재산상의 피해를 수반하는 행위를 말한다.

[학교폭력예방법에 명시된 학교 폭력]

 그리고 이 법에는 학교 폭력의 예방 및 대책에 관련된 사항을 심의하기 위해 학교폭력대책자치위원회(학폭위)를 두면서 피해 학생의 보호, 가해 학생에 대한 신도 및 징계 조치를 하고, 피해 학생과 가해 학생 간의 분쟁을 조정한다고 규정되어 있다. 다만 사사로운 명예훼손 및 모욕죄, 그밖에 오해를 일으킬 수 있는 따돌림까지 바로 학폭위에서 심의한다는 것은 다소 무거운 느낌이 든다.

피해자는 물론이며 가해자 역시 심리적인 스트레스를 받을 여지가 있다. 이 법이 학생을 위한 법이라면, 적어도 관련된 학생과 부모들이 원만히 해결할 수 있도록 화해를 권하는 것이 필요하다고 본다. 학폭위의 심의는 당사자 간의 원만한 해결이 되지 않았을 때 진행되는 것이 어떨까 생각해본다.

현재의 학교폭력방지법은	변경해야 할 학교폭력방지법은
학교폭력은 학폭심의위원회에 회부해서 진행 (학생들의 부담 가중)	경미한 학교폭력은 원칙적 양쪽 당사자들이 만나 해결할 수 있도록 화해의 장을 만들어 해결을 도모한다 (부모들이 먼저 화해를 하기 위한 노력을 하므로 학생들의 부담이 덜함).

그리고 피해 및 가해 학생의 심리가 진행되는 시기를 전후해서 양쪽 학생 모두에게 다양한 심리 상태가 일어날 수 있다. 때문에 피해자 및 가해 학생의 보호자를 대상으로 사건을 전후해서 달라지는 것들과 그 이후에 대처해야 할 것들, 주의해야 할 사안에 대해 알릴 필요가 있다. 학교폭력방지법으로 가해 학생이 받게 될 심리 또한 고려해서 이를 개선하기 위한 다양한 노력이 필요해 보인다.

4) 자살 고위험군 학생의 보호자에게 다양한 상담을 실시한다

자살 고위험군은 자살을 시도한 전력이 있거나, 자살할 가능성이 큰 사람을 말한다. 이런 상태인 학생에게는 정신과적인 상담 및 자살예방기관에서의 노력이 중요하지만, 무엇보다 같이 살고 있는 보호자의 역할이 크다. 주변에 자살 도구가 될 만한 것들을 없애는 것도 중요하지만, 자녀를 대하는 태도와 부모의 행동 및 대화법 역시 달라져야 한다.

고위험군은 하루빨리 죽고 싶다는 생각을 하며, 실패 없는 성공을 기대한다. 즉 치료보다는 치료가 안 된다는 생각을 먼저 가질 수 있다. 그래서 치료가 된다는 희망과 용기를 주면서 부모와 함께 노력해야 한다. 자녀가 나쁜 짓을 해도 짜증, 신경질, 화를 내기보다는 상황에 따른 현명한 대화법이 무엇인지 함께 답을 찾는 것이다.

이것을 단순히 부모에게만 맡기면 자녀 관리에 허점이 생길 수 있다. 그래서 부모가 정기적으로 자살 예방기관을 통해서 상담을 받도록 한다.

부모가 자녀를 돌보면서 생길 수 있는 스트레스와 자녀와의 대화법 및 자녀를 변화시키기 위해 필요한 것이 무엇인지 상담 및 교육을 받는 것이다.

즉 전문적인 두 가지의 일을 분리해서 접근하자는 말이다. 자녀의 정신적 상담은 정신병원에서, 자녀 관리에 대한 보호자의 문의 및 상담은 자살 예방기관에서 맡는 것이다. 이렇게 하면 부모가 자녀를 대하면서 무엇이 문제였는지 답을 찾아 더 좋은 대화법을 습득해 자녀에게 다가설 수 있고, 부모의 잘못된 태도도 고칠 수 있다.

자살 고위험군 부모들에게 바라는 것

자녀가 수시로 자살 시도를 하는데 어떻게 하는 것이 좋은지를 물어보는 부모가 있다. 이때는 "거듭된 자살 시도는 언젠가 성공할 수 있다. 우선 정신과 병동에 입원시키고 자살 예방기관에 전화해서 도움을 받아보시라."라고 전한다.

저자가 이러한 말을 한 이유는 정신과 상담이 자녀의 치료를 위해서 반드시 필요하지만, 거듭 자살을 시도하는 이유는 부모의 관리를 위한 노력이 부족한 경우가 많아서이다.

그래서 자살 예방기관에서 부모가 자녀를 대하는 태도, 자녀의 행동에서 보이는 것, 부모와 자녀의 갈등, 부모가 처한 환경 등에서 문제가 있는 것은 아닌지 상담을 받으라는 것이다.

이유 없는 죽음이 없듯이 이유 없는 자살도 없다. 자살 징후가 어째서 나타난 것인지, 원인이 무엇인가를 알아가는 상담이 부모에게도 필요하다.

부모의 관심과 노력만이 자녀를 지킬 수 있어

부모가 평소에 자녀에게 관심을 보이면 충분히 예방이 가능하다. 청소년은 주위의 무관심에 화를 내는 경우가 많다. 청소년은 부모와 소통하기를 원하며, 청소년의 자살은 부모의 관심과 사랑이 부족해서이다.
자살자들을 직접 감시하고 또 그들을 신고하고 구조하는 과정에서 다양한 죽음을 보아 왔다. 그리고 구조 후 대상자의 부모님과도 여러 번 통화를 했다. 그런데 부모님들은 현실을 쉽게 받아들이지 못하고 어떻게 해야 할지만 고민한다. 그러면서 '잘못된 신고이겠지?', '내 아이가 설마 그럴 리 없어. 아닐 거야.'라고 생각하며 현실을 인정하지 않으려고 한다.

이제는 현실을 받아들이고 나의 자녀를 지키기 위해서 노력해야 한다. 이것은 자녀만이 노력해서 되는 것이 아니다. 부모의 노력도 필요하다.
자녀가 자살을 시도하면 그것을 학교에 알리지 않고 숨긴다. 사실, 학업과 진로에 영향을 미칠 수 있기 때문에 이를 알리는 것은 쉽지 않은 일이다. 그렇지만 이제는 그런 생각을 바꿔야 한다. 전문기관에서 상담을 받고, 필요하면 휴학, 전학, 학업 중단, 진로 변경을 해야 한다.

청소년들은 사춘기로 힘들어서 죽음을 생각하지 않는다. 성인이 될 때까지 버티는 것이 힘들기 때문에 죽음을 생각하는 것이다. 그러니 만약 자녀에게 자살 징후가 있어 보이면 그것을 쉽게 지나치지 말고, 그 징후를 통해 아이에게 어떠한 문제가 있는지 답을 찾아내야 한다.

자살한(할) 대부분의 청소년은 부모님에게 자신의 힘든 점을 말했다. 하지만 그들의 부모는 그것을 대수롭지 않게 생각했다. 그것이 반복되면 더 이상 누구에게도 도움을 받지 못할 것이라 생각하게 된다. 이러한 점을 봤을 때, 부모도 많은 노력을 해야 한다.

청소년은 특별한 이유가 아닌데도 죽음을 선택한다. 그래서 자녀를 둔 부모라면 자녀 관리를 소홀히 해서는 안 된다. '내 자녀는 아니겠지?', '내 자녀가 설마 그런 생각을?' 이렇게 생각지 말고 '혹시 내 자녀도…?'라는 생각을 가지고 관리를 해야 한다.

5) 정보제공요청에 비협조하는 곳은 사법처리로 대응한다

자살 예방존중법
제19조의 3 긴급구조 대상자 구조를 위한 정보 제공 요청 등
④ 정보통신 서비스 제공자는 제①항의 자료제공요청을 받았을 경우 지체 없이 협조하여야 한다.

제25조(벌칙) 제19조의 3 제④항을 위반하여 자료 제공 요청을 거부한 자는 1년 이하의 징역 또는 2천만 원 이하의 벌금에 처한다.

자살할 사람들의 정보를 파악할 때 관련 통신업체에서 비협조적일 때가 있을 것이다. 이 법에 따르면 자료제공 요청을 거부했을 경우 형사적 처벌을 할 수 있는 규정이 있다. 자살 신고 이후 정보제공 요

청에 협조해주지 않을 경우(정보 제공 요청을 받은 기관에서 내용이 불충분하다며 관련 자료를 추가로 요구하거나, 자사 내부규정에 따라 정보제공을 거부했을 때) 사법처리를 해야 한다.

6) 여청계 학교 담당 경찰관이 가족을 만나서 확인한다

청소년의 자살 예방에 적극적으로 동참해야 할 사람은 바로 그의 가족들이다. 그래서 재발을 방지하기 위해서는 반드시 가족들을 만나서 확인해야 한다. 이때 여성 청소년계 학교 담당 경찰관이 방문해 학생이 자살하려고 했던 원인이 가정폭력이라면 그 진위여부를 확인해서 가해자를 형사입건하고, 학교 내에서의 갈등이 원인이라면 그에 맞는 조치가 이루어지도록 해야 한다.

청소년 자살을 막기 위해선 가족들의 협조가 절실히 필요하다. 왜냐면 나이가 적을수록 뚜렷한 동기도 없이 죽음을 결심하기 때문이다. 그렇다고 구조 이후에 가족에게만 청소년을 맡긴다면 결국 가정 내의 문제는 해결되지 않아 또다시 자살을 시도할 것이다.

때문에 경찰이 여기에 개입해야 한다. 청소년의 자살 동기가 가족 간의 불화나 불법행위 등으로 비롯된 것이라면 형사입건 여부를 확인하는 것이 필요하다. 그러면 재발률을 줄이면서 가정에서 일어나는 범죄를 해결할 수 있다.

7) 자살 예방기관에 24시간 항시 출동 인원이 상주한다

자살 예방상담은 24시간이다. 그런데 구조 후 현장에 올 수 있는 상담원은 지역별로 다른데, 야간에는 출동할 인력조차 없는 경우도 있다. 자살은 보통 밤이 늦은 시간에 이루어진다. 주말에도 마찬가지이다. 그런데 전문 상담원이 자리에 없으면 그날은 방치될 수밖에 없고, 경찰 역시 사후 관리에 힘이 든다. 그래서 전국의 자살 예방기관으로 등록된 곳에는 반드시 구조 즉시 현장에 와서 상담할 수 있는 인력이 있어야 한다.

현재는	개선이 되면
구조 후 경찰이 제1차 상담자 혹은 제2의 자살 예방기관에 상담을 요청하나, 야간 및 주말에는 현장에 올 수 있는 인력이 상주하지 않는 지역이 있어서 애를 먹음	구조 후 경찰이 신병을 확보하면 제1차 상담자가 자살 예방기관에 상주하기 때문에 곧바로 상담이 가능함. 이후 부모와 대상자를 만나 자살 동기를 파악해 실질적인 자살 예방에 기여함.

　사실 야간에 구조된 이후 관할 자살 예방기관의 상담자가 현장에 올 수 없는 것이 아쉬울 때가 많았다. 자살 예방은 상담이 매우 중요해서 24시간 운영하고 있는 것이므로, 자살자를 구조한 즉시 대상자를 만나 상담하는 것은 그 무엇보다도 중요하다고 볼 수 있다.

　부모의 대처 또한 미흡한 경우가 많기 때문에, 상담을 통해 이런 현상이 개선되도록 노력해야 한다.

구조 즉시 전문 상담원으로부터 상담이 진행되어야 한다

청소년을 구조한 이후에는 당혹감, 두려움이 생긴다. 왜냐하면 개인정보를 올리지 않았는데 경찰이 찾아왔기 때문이다. 죽지 못했다는 실망, 갑작스러운 경찰의 등장에 대한 당혹스러움, 마지막으로 이후 어떤 일이 벌어질지 알 수 없다는 두려움이 청소년의 마음을 지배한다.
이 때문에 경찰이 출동한 후 청소년의 심리적 불안감을 해결하려면 전문 상담원이 있어야 한다.

8) 현실에 맞는 상담 방법을 구상한다

SNS에 자살 예방기관에서 상담을 받은 후기가 올라올 때가 있다. 그 글을 보면 상담원이 대화할 때 자세하게 상담을 하는데, 정작 자기가 필요한 것에 대한 답을 내주지 않아서 실망한 청소년이 "진짜 죽을까?"라는 글을 쓰는 경우도 있었다. 자살 예방기관에 직접 전화해서 상담을 하는 사람은(채팅으로도 포함) 내가 죽지 않으려면 이렇게 해야 하는지에 대한 핵심적인 도움을 요구하는 경우가 많다.

가령 "저 자퇴하고 싶은데 학교에서 자퇴를 안 시켜줘서 죽을까 해요."라는 말을 청소년이 했다면, "어떤 것이 힘드세요? 자퇴는 왜 하고 싶으신 건데요?"라는 말보다는, 자퇴가 꼭 필요하면 상담사가 도움을 준다는 말을 해줘야 한다. 그리고 그의 자살 동기가 이것으로는 해결이 되지 않으면 그의 상황에 공감해주고 해결방책을 제시해야 한다. 왜냐하면 학교에서 자퇴를 안 시켜준다는 이유는 여러 가지일 수 있고, 이것 때문에 죽음에 대한 고민을 하고 있는 것이 아닐 수 있기 때문이다.

죽음에 대한 고민은 "우울증약을 먹고 있는데 성인이 될 때까지 살 용기가 나지 않아서 죽으려고 해요."와 같이 대화, 소통, 치료가 필요한 사람만이 한다. 즉 청소년과 상담 중 먼저 답을 제시해야 하는 유형은 '무엇이 해결되지 않으면 죽겠다는 마음이 확고한' 경우이다.

그것을 해결할 수 있는 상담이 필요한 것이지, 의사소통 및 치료는 그 이후의 문제이다.

이것은 상담을 통해서 답이 나오는 유형에만 필요하다.

9) 청소년들이 스스로 자살 징후를 알릴 수 있도록 한다

청소년은 자신의 자살 징후를 들키지 않으려고 한다. 자살 징후는 청소년이 자살에 대해 생각하고 행동하는 것을 말하는데, 그것을 스스로 말하지 않는 이상 가족과 학교에서는 알지 못한다. 그러면 그 자살 징후는 더욱더 확고해지고, 결과적으로 자살을 시도하는 환경에 노출될 수밖에 없다.

이러한 청소년의 자살 징후를 알고 있는 사람이 있을 수 있는데, 그것이 바로 친구이다. 청소년들은 친구에겐 숨김없이 말하는 경향이 있다. 때문에 그 친구가 학교나 자살 희망자의 부모에게 말을 해줘야 하는데 현실은 전혀 그렇지 않다.

그저 친구에게 힘을 내라고 위로하거나 같이 신세를 한탄하는 것이 전부이다. 결국 옆에서 지켜만 볼 뿐이다.

친구의 자살 징후를 보고도 주변에 알리지 않는 이유

친구의 자살 징후를 주변에 알리지 않는 것은, 내가 주변에 알리면 친구가 더 힘들어질 것이란 생각을 하기 때문이다. 자살을 생각하고 있다는 사실이 알려지면 학교에 소문나거나 학업에 지장이 생기고, 부모님에게 죄책감을 갖거나 정신병동에 입원하는 등 각종 정신과 치료를 받아야 한다는 걸 청소년들도 안다. 그렇다고 해서 자살을 희망하는 친구에게 이 사실을 주변에 알리자고 하면 "나는 괜찮다."는 말만 돌아올 게 뻔하다. 결국 그 친구의 의사에 반해서 이 사실을 주변에 알릴 수가 없다. 그래서 친구가 자살할 것 같아도 그것을 외부에 쉽게 알리지 못하는 것이다.

무엇보다 자살을 생각하고 있다는 게 알려지면 친구가 더 상처받을 수 있다는 생각을 한다. 이런 일을 예방하기 위해서는 친구의 자살 징후를 부담 없이 말할 수 있는 환경을 만들고 전문적으로 대응할 수 있는 시스템의 구축이 필요하다.

예를 들어 학교 내에 '친구를 도와주세요' 우편함을 설치, 운영한다. 친구가 자살 징후를 보일 때는 실명 또는 익명으로 알리도록 하고, 학교는 그것을 보고 도움이 필요한 학생의 가족들과 먼저 의논하면서 자살 징후를 알린 것을 숨긴 채 암묵적으로 자살 예방에 기여하도록 한다.

이렇게 되면 누구든지 친구의 자살 징후를 알릴 수 있고, 그 대상자가 눈치채지 못한 상태에서 치료를 병행할 수 있으며, 청소년의 자살률을 줄일 수 있다.

친구가 자살할 것 같을 때 주위에 알리면 자살률은 줄어들 것이다. 실제로 자살하기 전에 친한 친구와 마지막 인사를 나누는 경우가 있는데, 이때 친구의 위로로 삶을 이어가는 학생도 많다. 같이 울어주고, 힘을 내라고 응원해주는 친구의 말에 죽음을 다시 생각하게 되는 것이다.

사실, 자살을 하는 사람은 자신에게 관심을 보이거나 사랑해 주는 사람 딱 한 명이라도 있으면 쉽게 죽음을 선택하지 않는다. 그런데 이것은 다시 살기로 다짐하는 것과 다르며, 단지 자살할 날을 뒤로 미루는 것에 그치는 경우가 많다.

자살 직전에 친구의 위로로 산 사람은

자살 직전에 친구의 위로로 산 사람은 다시 살기로 결심하고 자살을 포기하거나, 자살을 잠시 보류한다.
그런데 친구가 자살 징후의 원인을 해결해줄 수 없다면, 결국 자살을 보류하는 것이지 포기하는 것이 아니다. 그래서 거듭된 위로를 하면서 죽을 일자를 연기시키는 것에는 한계가 있고, 결국 죽음에 이른다.

그래서 자살할 사람 본인이 이를 알리는 것 외에도 그의 친구가 그 사실을 알릴 수 있도록 환경을 조성하고 교육도 병행해야 한다.

그런데 위에서 말한 것처럼 여러 가지 문제점이 있다. 그래서 이를 알렸을 때 처리하는 것이 조심스럽다.

이것을 직접 학교에 알리는 것이 부담될 수 있다. 앞서 말한 학교 내에 '친구를 도와주세요'라는 우편함을 설치 운영하는 것도 방법일 수 있다.

10) 청소년 혼자 정신과 치료를 받을 수 있도록 해야 한다

청소년이 정신과 치료를 받을 수 있도록 하는 보험 장치가 필요하다. 정신과에 청소년이 혼자 찾아와 상담할 수 있도록 하고, 첫 상담 비용은 공단이 부담하는 것이다.

상담이 끝나면 청소년의 동의하에 상담 내용에 따라 자살 징후가 생긴 원인(가족 문제인지, 교내에서의 문제인지, 성격 문제인지 등)을 파악하고, 그와 관련된 대상자에게 통지한 후 사후 관리를 한다면 자살률을 줄일 수 있다. 청소년은 부모에게 말을 했는데 부모가 우울증을 이해해주지 않으면 혼자서라도 우울증 치료를 받기를 원한다. 때문에 청소년이 스스로 병원에 찾아와 치료를 받을 수 있도록 하는 제도가 필요하다.

3.
보호자 등 어른들의 노력이 중요

1) 자해한 것이 확인되면 심각하게 받아들여야 한다

　자해를 하는 사람 중에는 이미 여러 번 부모에게 걸린 사람과 걸리지 않은 사람이 있다. 자해는 죽음을 이겨내기 위해서 하는 것으로 보이는데, 이것이 거듭되면 첫 자해 때처럼 약하게 한 것으로는 자극이 약해 갈수록 더 짙은 자해를 하거나, 다른 자해 방법을 찾는다.

> **# 자해는 왜 할까?**
>
> 자해의 원인은 다양하다. 그런데 자해한 청소년을 보면 정신병이 있는 경우가 아니면 다양한 스트레스 때문이다.
> 정신병이 있어서 하는 자해는 대상자의 가족이 이미 알고 있어서 대처를 하는데, 스트레스성 자해는 부모에게 걸리지 않도록 조심스럽게 자해 시기와 방법을 선택하기 때문에 대처하기 어렵다. 자해방에서 아이들이 말하는 것을 볼 때 가정 내에서 생기는 불만과 친구와의 갈등으로 인해 자해를 하게 되는 것으로 보였다.

　자해는 흉기를 이용해서 몸에 스스로 상처를 내는 것만 있는 것이 아니다. 약물을 이용해서 건강을 해치거나, 주사바늘을 이용해서 사혈을 하거나, 줄을 이용해 피가 안 통하도록 하면서 고통을 참는 등 다양한 도구를 이용해서 자신의 신체에 해를 가한다. 흔적을 보이는 것보다는 흔적이 남지 않는 방법을 사용해 자해를 하고 있다는 걸 감춰 부모의 눈을 가린다.

자해의 흔적을 찾는다

자해의 흔적을 찾는 것은 자해 방법마다 다르다. 외부적으로 자신의 몸에 해를 가하는 것은 자녀와 함께 목욕탕에 가서 몸을 확인하면 알 수 있다. 내부적인 해를 가하는 약물 자해는 자녀의 방에 감기약 및 게보린 등 약 보관함에 있어야 할 것이 방에 박스째로 있거나, 이를 뜯은 흔적이 있는지를 찾아보면 알 수 있다. 그리고 사혈의 흔적은 자녀의 손과 팔, 허벅지에서 주사기에 찔린 흔적이 있는지를 확인하는 방법이 있다. 또한 사혈은 피를 용기에 담아 그것을 응고해서 먹거나 그 피를 이용해서 그림 및 일기를 쓰기도 하니, 이를 참고해서 흔적을 찾으면 된다. 마지막으로 자녀의 방에 줄이 있는지를 확인한다. 줄로 몸을 조여 혈관에 피가 통하지 않게끔 해 고통을 느끼기 위해서 한다.

SNS에서 자해하는 청소년들이 하는 말이 있다.
1) 엄마한테 자해한 것 걸릴 뻔했어.
2) 2일 정도 지나면 흔적은 없어지겠지.
3) 오늘 집에 있는 약 다 먹을 거야.
4) 내가 뽑은 피 내가 먹을 거야.
5) 오늘 3통 모았다(사혈한 것).
6) 피가 안 통하니까 눈앞이 깜깜했어.
7) 흉 안 드는 칼 추천요.
8) 오늘 첫 사혈. 축하해줘요.
9) 참을 수 없어서 학교 화장실에서 했어.
10) 방에 주사기가 있었는데 없네. 엄마가 방 치우면서 본 걸까? 죽고 싶어.
11) 자해한 것 걸릴 바에는 죽는 것을 선택할 것.

이상이 자해 후 하는 다양한 말이다.

만약 자해한 것을 부모에게 걸리면 부모와 소통하겠다는 생각을 하기보다는, 걸렸다는 사실에 두려움을 느낀다. 그리고 그 두려움을 이기지 못해 극단적인 선택을 시도하려는 모습을 보이기도 한다.

그래서 자해한 것을 부모만이 안다면 그 사실을 자녀에게 우선 자신이 알고 있다는 걸 말하지 말고 자살 예방기관에 상담하면서 어떻게 할지의 대책을 마련해야 한다. 당연한 말이지만, 자해한 것을 현장에서 적발한 경우 자녀의 안전이 최우선이라는 것을 명심해야 한다. 따라서 자녀의 자해 정도 및 방법에 따라 아주 현명하게 대처해야 한다.

현장에서 적발	부모만이 알고 있는 경우
자녀의 안전을 먼저 생각한다.	자살 예방기관에서 먼저 상담 후 대책을 마련한다(대화법 및 소통 방법).

자해는 다양한 원인으로 인해 나타나는데, 현재의 고통을 참을 수 없어서 자신의 신체와 정신에 해를 가한다. 그래서 반드시 그 원인이 무엇인지 찾아야 한다. 그냥 살짝 칼을 댔다고 해서 대수롭지 않게 생각하기보다는, 그것이 자해라는 것을 알게 된 이상 이를 심각하게 받아들이고 대응책을 마련해야 한다. 자해의 흔적은 곧 자녀가 우울증을 앓고 있다는 증거이고, 또 죽음을 생각하고 있을 수 있다는 사실도 생각해봐야한다. 그것이 자살하기 위해 거치는 단계일 수 있다.

실제 사례를 들어보겠다.

청소년이 운영하는 자해방을 감시했다. 열두 살의 초등학생을 시작으로 다양한 연령대의 청소년 30여 명 정도가 이 방에 가입해 있었다. 운영자는 10대 중반이었다.

자해방은 기본적으로 자신의 자해 사진을 올리면서 소통한다.

A : 스포이드 공병에 피를 모을 거에요.
B : 와.
C : 좋겠다. 흑.

[자해방 대화 사례]

자해방을 계속 감시하던 중 죽음까지 생각하고 있는 청소년이 있어서 집중적으로 감시했다. 며칠간 감시하고 있는데 그 청소년이 학교에서 가져온 듯한 종이 한 장을 대화방에 올렸다. 그 종이를 통해 관련 정보를 추출하고 대상자를 특정해 경찰에 신고한 뒤 구조했다. 그리고 구조 후 극단적인 선택을 할 수 있으므로 이 부분에 대한 주의를 당부했다. 왜냐하면 부모님을 향한 죄책감, 학교에서 겪을 문제 등이 학생에게는 여러모로 충격적일 수 있기 때문이다.

저자는 구조한 그날까지 그 청소년을 감시했다. 그러자 예상대로 더 짙은 자해 흔적을 대화방에 올리면서 "내 인생 마지막 자해"라며 눈물을 흘리는 이모티콘을 적었다.

자해방에서는 자살 이야기도 쉽게 한다.

A : 같이 죽을 사람 있나요.
B : 어디인데
A : 거기는 멀어서 안되요.
C : 저는 여기인데
A : 제가 가겠습니다.

[자해방에서 흔히 볼 수 있는 동반자 모집]

이렇듯 자해는 '자살을 생각하기 전 단계'로 볼 수 있다. 자해를 하는 자는 자신의 몸에 해를 가하면서 죽음에 가까워지는 느낌을 받는다. 그렇기 때문에 자해의 흔적을 찾았다면 초기에 바로 잡아줘야 한다. 그러지 않으면 뒤늦게 후회를 하게 된다.

2) 자녀의 안식처를 찾아라

우울증을 앓고 있는 청소년 중 상당수가 자신만의 안식처를 만들었다. 정신적으로 힘들지만 가족에게는 기댈 수 없어서 혼자만의 공간을 만들어간 것인데, 그곳은 머물고 있으면 마음이 편하고, 울어도 누가 뭐라 할 사람도 없고, 마음의 평온을 찾을 수 있는 곳이다.

여기서 안식처는 '나만의 공간'을 말하는데, 청소년이 정한 안식처는 대체로 낮은 곳보다는 고층 건물의 옥상 같은 높은 곳인 경우가 많고, 낮보다는 밤에 평안함을 느낄 수 있는 곳이다. 대체로 아파트, 빌라 등 4층 이상의 건물에 거주하고 있는 자녀가 만약 우울증을 앓고 있거나, 평소에 소심한 성격이면서 말을 잘하지 않는 편이거나, 자신의 감정을 쉽게 표출하지 않는다면 자신만의 안식처가 있지 않은지 찾아본다. 본래 모든 일상을 마치고 편안함을 찾을 수 있는 곳이 집 안에 있어야 하는데, 그러지 않은 경우이다.

3) 청소년이 무기력하지 않도록 학교와 부모가 노력한다

혹시 자녀가 무기력에 빠져 힘들어하고 있지는 않은가 살펴야 한다. 무기력은 매일 똑같은 일상이 거듭되면서 생기는 것으로, 만약 자녀가 무기력에 빠져 있다면 자녀의 일상을 바꿔주는 것이 필요하다.

학생은 공부에 지치고, 매일 똑같은 일상이 지루해지면 살고 싶다는 의지 자체를 잃어버릴 수 있다. 청소년의 상당수가 무기력으로 인해 자살을 시도한다.

이런 청소년에게 왜 죽으려고 하는지를 물어보면 "삶이 힘들다.", "힘이 없다.", "내일도 같은 일상이 될 게 뻔한데 그런 삶을 사느니 빨리 죽는 게 낫다.", "밥을 왜 먹는지 모르겠고, 공부를 왜 하는지도 모르겠다."는 대답을 꺼낸다. 이렇듯 무기력이 우울증으로 발전하고 있다.

성인의 무기력

성인도 무기력으로 자살을 시도할 때가 있다. 특히 여자보다는 남자가 그런 경향이 컸다.

신혼인데 임신한 아내를 보니 애를 키울 것이 고민이라는 이유, 자녀가 2명 있는데 커가는 모습을 봐도 재미와 흥이 나지 않는다는 이유, 돈을 벌기는 하는데 왜 버는지를 모르겠다는 이유, 경제적인 기반을 마련해야 한다는 부담이 크다는 이유 등 다양한 이유가 있다.

무기력은 경제적인 어려움과 달리 무기력함 그 자체만으로도 사람이 힘을 잃게 만든다. 그들은 "돈을 벌어도 재미없다."며 재산을 다른 사람들에게 나눠주는 기행을 벌이기도 한다.

이러한 무기력을 해결하려면 가정 내에서는 물론이고 학교에도 많은 변화가 있어야 한다. 청소년이 무기력으로 죽는 이유는 성인이 될 때까지 버티기가 힘들어서이므로, 지금의 고비를 잘 버티도록 도움을 줘야 한다.

또한 무기력은 학업적 스트레스와는 다르다는 걸 알아야 한다. 무기력은 삶을 이어갈 의미를 잃고 살아갈 의지를 잃는 것이라면, 학업적 스트레스는 성적으로 인해 생긴다.

무기력	학업 문제
삶을 이어가겠다는 의지가 없음	성적 등 장래 및 진로에 대한 문제

무기력한 이들이 보이는 증상은 다음과 같다.

① 밥을 잘 안 먹는다.
② 한숨을 자주 쉰다.
③ 말이 없다.
④ 대화보다는 게임만 한다.
⑤ 가족여행에 가려고 하지 않는다.
⑥ 잘 웃지 않는다.
⑦ 눈물을 자주 보인다.
⑧ 화가 날 때 화를 잘 내지 않는다.
⑨ 친구와 잘 어울리지 않는다.
⑩ 혼자 있을 때는 잠만 잔다.
⑪ 부모에게 필요한 것을 잘 요구하지 않는다.
⑫ 방금 한 일을 종종 잊어먹는다.
⑬ 별일 아닌 걸로 짜증을 많이 낸다.
⑭ 평소에도 힘이 빠진 것처럼 행동한다.

이런 행동 하나하나에서 그 대상이 무기력에 젖어 있다는 것을 알아챌 수 있다.

자녀가 무기력함에 빠졌는지는 자녀의 평소 행동과 지금의 행동을 비교·분석하면 알 수 있다. 무기력은 오랜 기간 동안 지속되기보다는 짧은 기간에 찾아오는 것 같은데, 15세에서 17세 정도의 청소년이 많았다.

자녀의 평소 행동	지금의 행동
평소에 밥을 잘 먹었는데,	지금은 밥을 잘 안 먹네.
한숨을 그렇게 안 쉬었는데,	지금은 틈만 나면 한숨 쉬네.
말이 많았는데,	요즘은 말수가 적어졌네.
대화를 좋아했는데,	요즘은 게임만 하네.
가족여행을 좋아했는데,	이제는 싫어하네.
잘 웃었는데,	웃긴 영화를 봐도 웃질 않네.
눈물이 별로 없었는데,	눈물이 많아졌네.
친구와 잘 어울렸는데,	친구와 어울리질 않네.
필요한 것이 있으면 사달라고 말했는데,	요즘은 말을 잘 안 하네.
평소에는 자신이 한 일을 잘 잊지 않았는데,	요즘은 방금 했던 것도 금방 까먹네.
짜증을 별로 안 냈는데,	별일 아닌데도 짜증을 많이 내네.
어깨가 올라가서 힘 있게 보였는데	어깨가 축 늘어져서 힘이 없어 보이네.

　　자녀가 이러한 무기력을 보이면 환경에 변화를 줘야 한다. 하지만 그보다 먼저 원인을 찾아야 한다. 자녀의 절친에게 혹시 뭔가 아는 것이 있는지 물어보거나, 학교 담임 선생님이 뭔가 알고 있는지 알아보거나, 자녀의 방에서 어떤 흔적이 있는지 찾아보거나, 자녀가 평소 보이는 행동거지를 유심히 관찰하면서 원인을 찾아낸다.

　　자녀의 무기력을 해결하려면 행복하게 웃을 수 있고, 살아갈 힘을 얻을 수 있도록 삶에 대한 의지를 심어줘야 한다. 이것은 자녀 스스로 무기력에서 빠져나갈 수 있도록 기반을 마련해야 한다는 뜻이며,

자녀의 무기력한 자세를 바꾸도록 강요하는 것은 별 도움은 되지 않는다.

이때 가정에서는 용돈을 올려주거나, 평소에 가지고 싶어 한 것을 사주거나, 친구를 집으로 초대해서 자연스러운 대화가 이어지도록 하는 것이 좋다. 그 밖에도 방과 후에는 자녀의 취미를 즐길 수 있도록 하거나, 하루 정도 휴식을 주거나, 대화를 통해 자녀가 힘들어하는 것이 무엇인지를 알아내거나, 주말에는 자연스럽게 이야기할 수 있는 분위기를 만들기 위해 함께 산행을 하는 것도 도움이 된다.

학교에서는 학생들에게 무기력 정도를 파악할 수 있는 설문을 통해 무기력증에 빠진 학생에게 도움이 될 수 있는 것이 무엇인지를 부모님과 상의하고 학생의 무기력증을 해결할 수 있도록 노력한다. 또한 학부모에게 가정통신문을 보내면서 무기력으로 인해 학생들에게 우울증이 찾아오고, 우울증에 걸린 학생은 그것을 가족들에게 알리지 않고 혼자서 극복하려다가 극단적인 선택을 하는 사례가 있음을 알려야 한다.

VIII.
기타

1.
한 사람도 놓치지 않으려는 생각

　어디에 있든 간에 자살 동향을 수시로 파악해야만 한 명의 사람이라도 살릴 수 있다. 이러한 활동으로 결국 소중한 생명을 지켜나가고 누군가의 도움이 필요한 사람을 구조한다. 그래서 술을 마시는 중에도 항상 탁자 위에는 감시용 기기를 올려놓는다. 특히 '오늘', '지금' 결행을 할 것으로 의심되는 사람이 있으면 경찰에 신고할 내용을 정리하면서 감시한다. 유력 결행자로 볼 수 있는 증거를 수집하고, 그들의 특정 정보를 알아내면서 신고 시점을 정해 신속한 구조가 가능하도록 한다.

성인과 청소년의 자살 암시

성인의 자살 암시는 청소년보다는 알아보기 쉽다.

반면에 청소년은 일상적인 대화로 별도의 해시값을 사용하지 않기도 해서 암시를 찾아내는 것이 어렵다. 그래서 청소년이 적은 글 전부를 살펴보면서 의심 대상자를 선별하고, 그 사람의 계정에 일일이 들어가서 여러 흔적을 다시 살피며 죽을 대상인지 아닌지를 확인한다. 그 결과 집중 감시 대상자로 삼으면 신고 여부를 결정한다.

알다시피 SNS에는 수많은 글이 5분에 수백, 수천 개씩 올라오고 있어서 죽음의 패턴을 알지 못하면 그들의 암시 글을 놓치게 된다.

1) 자살 감시를 시작하면서

사람의 생명은 소중하다. 그래서 죽을 마음을 정리하고 죽기 직전에 있는 사람을 찾아 살 수 있는 기회를 주려고 신고를 거듭한다.

자살 감시가 필요한 이유

자살 예방은 자살할 사람이 사전에 상담을 받는 곳이거나, 구조 후 사후 관리에 필요한 상담이다. 그런데 한국의 자살률을 볼 때, 일부는 자살 예방이 자신에게 도움이 되지 않는다는 생각을 하고 있음을 알 수 있다. 실제로 자살자들과 대화하면 자살 예방은 더 이상 자신에게 도움이 안 된다면서 누구의 도움도 필요 없다고 말하며 죽음을 맞이하려 했다. 오히려 자신이 죽으려는 계획을 타인이 알지는 않을까 하는 염려만 있었다.

그래서 이를 예방하려면 사전상담 및 사후 관리라는 관점보다는 자살 고위험군 대상자를 실시간으로 감시하는 방법을 선택해야 한다. 그의 글을 읽다 보면 어떠한 상담이 필요한지 답이 나오기도 하며, 그것을 바탕으로 소리 없이 찾아가는 예방(신고 사실을 알리지 않고 그 글의 내용을 참고해서 가족 등과 함께 예방하는 것)을 할 수 있다. 이런 방법을 통해 자살 위험에 노출된 청소년을 적기에 보호해야 한다.

성인은 오랜 생각 끝에 자살을 결심하는 반면, 청소년은 순간적인 감정에 따라 극단적인 선택을 하는 경우가 많기 때문에 찾아가는 예방 서비스가 중요하다.

저자가 자살감시를 하는 것은 공익적인 차원으로, 본래 직업은 법률사무소 사무장이다. 이제 오랫동안 자살 예방을 해서 그런지 생활이 익숙하다. SNS에 올라오는 수많은 자살 의심 글 중 정말 죽으려고 하는 사람이 누구인지를 가려내는 저자의 방법이 100% 옳을 수는 없지만, 그래도 대체로 이를 가려내고 있다.

저자는 본래 다른 직업이 있다. 과거 시민단체 간사로 있을 때부터 시작해 현재까지 약 20년 동안 자살자를 모니터링하고 신고하는 등 감시해 왔다. 그리고 이를 위한 비용은 모두 개인 사비로 처리하고 있다.

이 활동을 하는 이유는 더 이상 소중한 생명이 사라지지 않기를 바라기 때문이다. 사람의 생명은 한순간의 실수로 잃어버릴 수 있다. 그래서 자살 직전에 다시 한번 더 생각하라는 의미로 그들을 선별해서 신고를 하고 있는데, 애로 사항도 상당히 많다.

구조 후 욕하는 사람, 신고인의 신상정보를 SNS에 뿌리는 사람, 협박하는 사람, 살려놨으니 생활비를 달라고 하는 사람 등 구조된 사람들은 다양한 반응을 보였다. 또한 신고 후 숨진 채 발견되었다는 뉴스를 접할 때마다 술을 마시며 마음을 추슬러야 하는 등 정신적으로 힘이 들 때가 많았다.

2018년 2월에 SNS 자살 예방 감시단으로 개인등록 후 활동할 당시, 경찰에 신고하는 것부터 사후 관리 등에 다양한 문제가 있었다. 쉽게 말해 한국의 자살률이 높은 이유를 알 수 있었고, 제도적 장치가 필요함을 느꼈다.

자살 감시를 시작했을 당시에는 사람들에게 용기 있는 말을 하면서 힘을 주었다. 그런데 거의 대부분 대화가 차단되면서 감시에 어려움이 발생했고, 죽으려는 의지가 확고한 사람을 신고했는데 뚜렷한 자살 동기나 방법, 일자를 알 수 없어서 신고 시점에 애를 먹었다.

이러한 단계를 거치면서 자살 예방과 관련된 법률적 문제를 파악하는 것은 물론, 동반 자살을 하는 모습과 단독 자살의 형태 및 그들의 심리를 파악하면서 신고를 하기에 이르렀다. 즉 실질적 자살 예방을 위해서 무엇이 필요한지를 논하고, 누구든지 그 사람이 자살에 이를 것이라는 객관적인 증거가 될 수 있을 정도로 정보를 찾기 시작한 것이다.

자살자는 자살할 이유가 사라져 신고 직전에 포기하거나 다른 동반자와 합류하기도 한다. 특히 SNS에서의 자살 감시는 올라온 글과 사진 및 영상의 신빙성을 검토한 뒤 신고 여부를 결정하고 있다. 섣부른 신고는 신고인과 출동 경찰관을 힘들게 한다.

신고인 및 출동 경찰관이 힘든 이유

자살은 생명과 관련 있다. 그래서 구조하는 과정에서 가족들이 신고 경위를 구체적으로 물어볼 때가 있다. 이때 대상자가 일체의 사실을 부인하면(자살 암시를 한 사실 등) 신고는 누가 했는지, 경찰이 출동한 이유는 무엇인지부터 해명을 요구한다.

이때 경찰은 신고인에게 연락해서 관련 자료를 더 요청하고, 신고인은 그 자료를 전달한다. 즉 신고 전에 당사자가 자살을 기도했다는 걸 증명할 충분한 증거를 갖춰둬야 한다는 것이다. 이것은 대상자와 글을 쓴 사람이 일치한다는 증거뿐 아니라 대상자의 가족이 신고인과 통화를 원하면 즉시 답을 할 수 있어야 한다. 또 출동 경찰관에게 민원이 제기된 때를 사전에 대비해야 한다.

2) 대화한 수많은 자살자

자살할 사람과 많은 대화를 했고, 또 그중에서 여러 사람이 자살에 이르기도 했다. 자살할 사람들과 대화를 하면 가슴이 답답해 술을 마시면서 마음을 달랜다.

바다에 빠져 죽겠다며 인증한 마지막 사진, 죽기 직전에 밥과 술을 마시면서 인증한 사진, 욕실에서 인증한 마지막 사진, 화학적 도구를 준비해놓은 사진, 대교에서 뛰어내리려고 이동 중인 사진, 바닷가 근처에서 밤이 어두워질 때를 기다리는 사진, 바다에 빠져 죽겠다고 동반자와 함께 탑승한 버스의 티켓 사진, 동반할 장소로 이동 중인 열차 티켓 사진, 손을 테이프로 감고 얼굴 전체를 감기 직전에 찍은 사진, 행복하게 웃으며 자살 도구를 구입하는 사진, 자살 도구를 싣고 죽을 장소로 떠나는 사진, 펜션 등에 도착해서 마지막을 준비하는 사진, 차량 안에서 단독 자살을 시도 중인 사진, 해수욕장 부근의 펜션에서 동반 자살을 하려고 모인 사람들의 사진 등 무수히 많은 죽음의 흔적을 보아왔다. 그리고 자살자들이 죽을 준비를 하면서 다른 자살 희망자와 대화한 글과 영상, 죽으려는 방법을 보았다.

이때 신고로 구조한 사람도 있지만, 특정 정보가 부족해서 놓친 사람도 있고, 거듭된 자살 시도를 통해 결국 자살에 성공한 사람도 있다.

죽을 마음이 확고해지기 전에 살려야 한다

죽을 마음이 확고한 사람은 오늘 알게 된 사람이라고 하더라도 당장 만나서 간다. 지역이 어디든 상관없다. 설령 먼 지방이라도 말이다. 왜냐하면 동반자를 만나는 것은 쉽지 않기 때문이다.

동반자들은 떠날 때 이러한 말을 한다.
"이제야 마음 맞는 사람을 찾았네요."
즉 죽을 날과 방법, 신체조건(연령 및 성별)을 전부 충족하는 동반자를 만나는 건 쉽지 않다는 것이다.

그렇다고 해서 동반자들이 이것저것 따지며 사람들을 가리지는 않는다. 어차피 목적은 '죽음'으로 같기 때문이다. 신체조건을 하나둘 따지는 사람은 다른 목적이 있는 경우이다.

3) 전국 어디든 자살자를 찾으려고 이동

특정 정보가 없는 2인 이상의 자살의 경우 현장에 가서 정보를 파악한다. 주말이든 평일이든 동반 자살이 염려되는 곳이라면 전국 어디든지 찾아가서 자살자의 특정 정보를 파악한다. 또한 자살 도구를 판매하거나 다른 범죄를 저지르려는 위험인물이 있으면 관련 정보를 파악해서 자살자들에게 접근하지 못하도록 조기에 차단하거나 검찰에 고발한다.

4) 남들이 하는 말

사실 저자는 우안 망막 박리 및 급성 백내장을 앓고 있으며 수술도 여러 차례 받았다. 그 후유증으로 동공 기능 장애와 시력 저하가 찾아왔다. 그래서 밤에 휴대폰과 태블릿을 보는 것조차 힘들어서 인공눈물을 하루에 한 통 이상 투여하면서 버틴다. 어느 날은 안압이 상승해서 눈에서 눈물이 하염없이 흐를 때가 있을 정도다. 일상생활 자체가 버거울 때가 많다.

주변 사람들은 직장에만 충실하면 되지 왜 남의 죽음에까지 관심을 쏟느냐고 쓴소리를 할 때가 많다. 오랫동안 자살자를 감시하면서 쓴 비용은 전부 사비이고, 신고했지만 결국 대상자가 숨진 채 발견되면 속상한 마음에 술을 마시는 경우가 많다. 그래서 지출 계획보다 많은 돈을 사용해 경제적으로 힘들기도 한다. 그래서 보증금을 빼서 더 싼 월세 집으로 이사하거나 소액 대출을 받아 가며 어렵사리 생활을 유지할 때도 있다.

이렇게까지 하는 이유는, 돈은 또 벌면 되지만 사람의 생명은 억만 금이 있어도 살릴 수 없기 때문이다. 동시에 억만금이 있어도 살 수 없는 생명을 가볍게 버리려고 하는 그들의 어리석은 판단을 바로잡 아주기 위해서이다.

5) 자살자의 공통적인 특징

성인 중 상당수는 경제적인 이유에서 죽음을 맞이하고 있고, 청소 년은 우울증이 격화되면서 극단적인 선택을 하는 경우가 많다. 이들 의 공통적인 특징은 사랑과 관심의 부족이라는 것이다.

성인의 경우 자신에게 사랑을 주고 관심을 보여주는 사람이 있다 면 경제적인 문제를 극복하기 위해서 노력했을 것이고, 우울증에 시 달리는 청소년들 역시 자신의 마음을 이해해주는 사람이 있다면 살 기 위한 몸부림을 쳤을 것이다.

이런 문제를 인식하고 있는 저자는 자살자들을 감시하면서 그들 과 소통을 하고자 노력해왔다. 돈과 명예, 직업의식은 그 다음 문제 이다.

가족들의 비협조가 죽음으로 몰아

성인을 자살 의심자로 신고했다. 경찰이 가족을 찾은 후 성인을 구조하려고 했는데, 가족이 협조를 해주지 않았다고 한다. 그리고 2일 후 집단 동반자살 뉴스가 나왔는 데 집단 자살자 중 한 사람이 그때 신고했던 성인이었다.
이렇듯 자살자를 신고해도 가족이 협조해주지 않으면 경찰 역시 돕는 것이 힘들다.

6) 파일에 저장되어 있는 수많은 자살자의 사진을 보면

자살자들은 죽기 직전에 흔적을 지운다. 그래서 신고하기 전에 대상자의 정보를 캡처하면서 증거를 확보한다. 이름, 사진, 생년월일, 연령, 기타 특정할만한 정보를 말이다. 이것은 대상자가 결행을 하기 직전에 구조한 뒤 경찰과 가족들을 따돌릴 수 없도록 하는 증거가 반드시 필요하기 때문이다. 그래서 휴대폰과 태블릿, 노트북에는 수많은 감시대상자의 사진 파일 등이 저장되어 있다. 그중에는 자살에 성공한 고인의 사진과 마지막으로 대화한 흔적도 있다. 술을 한잔 마시면서 이미 떠난 사람의 사진을 열어보면 살리지 못한 아쉬움이 남는다.

자살 감시가 힘든 이유

자살 감시는 정말로 죽을 가능성이 높은 대상자만 선별해서 감시하는 것이다. 곧 죽음을 맞이하려고 하는 이들이 남긴 흔적[3]을 확인하고 그것들을 기록으로 남기면서 신고한다.

자살 예방이 자살할 생각을 하는 사람에게 도움을 주는 것이라면, 자살 감시는 자살할 생각을 가지고 있는 사람이 아니라 자살하겠다고 결심하고 그것을 실제 행동으로 옮기려 하는 사람을 찾아내는 일이다. 그래서 힘이 들 때가 많다. 결국 자살 감시는 대상자의 계획을 추리하면서 심리전을 해야 하는 것인데, 한 명만 감시해도 모자랄 상황에 여러 명을 동시에 감시하는 경우가 많고, 또 그들 중 한 사람도 놓치지 않기 위해서 뜬눈으로 밤샐 때가 많다. 그래서 눈의 피로감이 크다.

7) 부모들에게 한마디 올립니다

자살은 '살고 싶은데 죽음을 선택하는 것'이다. 죽기를 바라는 사람은 없다. 그런데 삶을 이어갈 원동력이 되는 것을 충족하지 못하거나, 삶을 이어갈 때 반드시 해결되어야 할 일이 해결되지 않아서 "이렇게 살 바에야 차라리 죽겠다."라며 죽음을 재촉하는 것이다.

저자는 자살자를 신고하기 전에 여러 번 생각을 한다. 신고 이후 경찰관에게 경위를 설명하고, 구조 이후 몰려오는 심적인 부담까지 감당해야 하기 때문이다. 저자는 직장에 다니면서도 주·야 가리지 않고 자살 동향을 파악하다가 위험하다고 판단되면 신고를 한다.

자살 정황을 뒤늦게 확인한 탓에 구조하지 못하고 세상을 등진 아이들도 있다. 그런데 신고를 통해 구조한 뒤 사후 관리를 해보면 자녀 관리가 허술하기 그지없고, 그나마 하고 있다는 관리마저 소홀할 때가 많아 답답하다. 이미 세상을 떠난 아이들의 죽음으로 당신의 자녀를 살렸다는 생각을 해줬으면 좋겠다. 구조한 자녀는 보호자의 사랑으로 다시 성장할 수 있고, 필요시에는 행정입원 조치로 새로운 삶을 살 수 있다.

그런데 자녀가 숨진 채 발견되면 유족 등의 진술을 통해서 사인을 파악하기 위해 시신 부검 여부를 결정하고, 부모는 평생 한을 품으며 살게 된다. 또한 싸늘한 자녀의 주검 앞에서 통곡할 수밖에 없을 것이다.

그러니 자녀가 자살할 위험이 있을 때는 다른 것을 먼저 생각하기보다 오직 자녀의 안전만을 먼저 생각했으면 좋겠다.

2.
궁금증 FAQ

1) 언제부터 활동했나

저자는 2000년도부터 인터넷 유해 정보에 관심이 많아 다양한 모니터링 자료를 만들었다. 그리고 자살 환경에 노출된 사람이나 정보 교환소를 신고했는데, 앞서 말한 것처럼 2000년도부터 현재까지 그 활동을 하고 있다.

2014년 2월에 경기도 양평의 무인텔에서 동반 자살을 시도하던 이들을 경찰과 함께 의해 구조한 적이 있었다.

저자는 인터넷을 통해 이들의 계획을 파악해서 서울 인근 관할 지구대로 가서 이들을 구조해달라고 말했는데, 가족이 아니라는 이유로 거부당했다. 그들은 ○○터미널까지 와서 목적지로 향하고 있는 중이었다. 저자는 속상함이 커서 인근에서 술을 마시며 평소 알고 지내던 기자에게 도움을 청했다. 이미 시간이 한참이 지났는데 그제야 관할 실종팀에서 연락이 왔다. 받지 않았다. 그러자 "업무에 혼선이 있었다. 죄송하다. 하지만 우선 그 사람들부터 살리자."라는 메시지가 도착했다. 저자는 다시 한번 힘을 내 그들의 동선을 확인했고,

경기도 양평에 무인텔에서 결행하기 직전에 구조했다.[10]

그 후 인터넷 감시의 효용성을 실감한 저자는 SNS 자살 예방 감시단을 정식적으로 등록하고 활동하기 시작했다.

2) 감시단은 어떤 곳인가

감시단은 단체가 아니다. 고유번호만 세무서에 등록해서 활동하고 있는 개인이다. 일종의 자경단 같은 것이라 생각하면 편하다.

어디까지나 개인이기 때문에 신고하는 과정에서 상당한 어려움이 있다. 보건복지부에 소속된 자살 예방 기관과 달리 정식적으로 등록하지 않았기 때문에 어떤 단체에서 지원을 받거나 하는 일도 없고, 개인적인 활동이라 공공기관에 매번 협조를 요청할 명분이 없는 활동이라서 힘이 들 때가 많다.

감시단이 걷고자 하는 길

자살 예방 기관으로 정식 등록을 하려면 사무실과 직원이 있어야 하고, 나름의 예방 사업을 해야 한다. 그런데 저자는 법률사무소 사무장으로 여기에서만 매진할 수 없고, 또한 그러한 여력이 없는 상태이다. 그래서 감시 방법 및 요령, 그리고 자살 실태를 이렇게 책으로 널리 알림으로써 예방에 일조하고자 한다.

기회가 된다면 사무실을 하나 차려서 자살률을 줄이기 위한 다양한 노력을 하고 싶다.

---

[10] 이때의 구조 과정은 이데일리의 2014년 2월 8일 자 신문에 실린 '인터넷 자살사이트서 만난 동반자살 기도자 극적 구조'라는 기사에 자세히 실려 있다.

3) 자살자들에게 접근하는 방법은

　저자도 처음에는 자살할 사람들을 살아야 하는 이유를 들어가며 설득하려고 했다. 삶의 용기를 북돋아 주고, 여러 번 타이르며 자살을 막아온 것이다. 그런데 그것은 대상자가 대화를 차단해버리는 원인이기도 했다. 그 결과 대상자를 더 이상 감시할 수 없었고, 더 이상 대상자를 돕는 것도 불가능해지게 되었다.

　그래서 선택한 것이 그의 행동과 말을 분석하면서 죽을 사람인지를 특정하는 것에 집중하는 방법이었다. 그의 동향을 전반적으로 파악하고, 자살이 임박한 사람의 글을 통해 정말로 자살할 사람들의 패턴을 파악하고, 그들의 자살 방법, 자살 직전에 보이는 행동, 그의 기분, 중도에 포기하는 사람들의 특징을 파악하면서 유력한 결행자를 선별해 SNS 등으로 접촉했다. 접촉한 이후에도 그들의 동기와 현재 위치 파악에 주력할 뿐, 용기를 북돋는 행동이나 타이르는 행위는 하지 않았다.

4) 신고 시기는 언제인가

　자살을 준비 중인 사람은 '자살이 임박한 사람'이 아니다. 그래서 신고해도 경찰이 개입하는데 어려움이 있다. 반면 도구를 차량에 싣고 죽을 장소로 이동하거나 자살을 결행하려는 사람, 도구를 보관하고 있는 사람 등 '자살이 임박한 사람'은 강제 입원 및 경찰의 개입이 가능하다. 또한 가족이나 형제가 사태의 심각성을 인지해서 적극적인 대처가 이루어진다.

처음에는 자살을 결행할 법한 사람인지만 파악하고 나서 신고를 했는데, 별다른 도구가 확인되지 않은 데다 실제로 실행에 옮긴 것이 아니어서 행정입원이 어려웠다. 가족 역시 대상자가 죽고 싶다는 글을 쓴 것만으로는 그가 정말 죽을 생각인 것인지 알 수 없어서 대처하기 어려웠다. 이렇듯 단순한 동향만 파악하는 것으로는 대상자를 돕는 것에 한계가 있었다. 그래서 생각해낸 것이 '결행 직전에 신고' 하는 것이었다.

A	B	C
죽을 장소로 이동 중 (도구 없음)	죽을 장소로 이동 중 (도구 있음)	죽을 장소로 이동해서 곧 현재 자살을 결행할 준비 중 (도구 있음)

위 표에서 보면, 홍길동이 A인 경우 죽을 장소로 이동 중이지만 별다른 도구가 없어서 구조에 성공하더라도 그 이후에는 도울 수 있는 길이 없다.

B의 경우에는 도구가 있고 죽을 장소로 이동 중이라서 신고를 하면 자살 도구는 회수할 수는 있을 것이다. 하지만 자살을 실행하기 직전이 아니므로 대상자가 마음을 바꿔 집으로 돌아간다고 하면 더이상 구조할 방법이 없다.

<u>그런데 C의 경우 죽을 장소로 이동 후 도구를 이용해서 자살을 결행하려고 하는 순간이라 행정입원 등 적절한 경찰권을 발동할 수 있다.</u>

지금까지 죽으려고 자살 도구를 준비한 사람은 신고로 실패하더라도 쉽게 포기하지 않았다. 새로운 계획을 세우고 그 계획대로 움직였

다. 그래서 위 표의 C와 같은 경우가 아닌 이상, 신고를 해도 자살 도구가 없기 때문에 핑계를 대고 빠져나갈 수 있고, 설령 자살 도구가 있더라도 그런 용도가 아니라는 변명으로 무마할 수 있다. 결과적으로 구조에 실패하는 것이다.

그래서 결정적인 시점을 파악하는 것이 중요하지만, 이 시점을 파악하는 것에는 큰 어려움이 있다. 어떤 대상자가 결행한다고 할 때, 대상자가 죽고자 하는 장소와 시간을 알아낸 다음 대상자가 계획에 따라 움직이는지를 확인한다. 그리고 자살 장소로 추정되는 곳으로 이동하는 것을 보고 나서 신고할 때도 있다.

○○대교에서 성인이 투신자살을 할 계획을 세웠다. 그는 계획대로 대교로 이동 중이었는데, 지금 현재 그가 있는 위치는 물론 누구인지를 특정할 수 있는 정보가 전혀 없었다. 그래서 그를 살리기 위해 그가 투신하겠다고 예고한 시간에 경찰이 그 대교에 출동하도록 만들기로 했다. 경찰을 보고 결행을 포기하도록 만드는 방법이었다.
그의 동선을 확인해 대교 부근에 왔을 때 경찰에 신고했다. 그는 경찰이 와서 자살에 실패했다고 했다. 난간 위에까지 올라갔으나 경찰이 오는 바람에 투신하지 못했다고.
그 후 경찰은 아침에 관련 정보 위주로 수사를 펼쳐 그를 특정해서 구조했다.

[자살 희망자의 감시와 대처 방법]

신고 전에는 대상자가 어떠한 반응을 보이는지에 따라 그 사람을 살릴지 말지를 결정한다. 첫 신고 때 격하게 반응한 사람을 다시 신고하면 출동한 경찰관과 신고인에게 더 격한 반응을 보이기 때문이다.

그런 사람을 다시 신고하면 오히려 반항감이 커져서 경찰관이나 신고인만 힘들어진다. 대상자도 사전에 세워두었던 계획보다 더 잔인한 방법으로 죽음을 맞이할 수 있다. 실제로 구조된 이후에 반응을 격한 보인 사람은 곧 다른 방법으로 죽음을 맞이하려고 하는 경우가 많았다.

그리고 어떤 사람은 신고 이후에 공개적으로 자살 채팅방에 "저를 놓아주세요. 제발 신고하지 말아 주세요."라는 글을 적을 때도 있다. 그때는 많은 생각을 하게 만든다. 그를 계속 구조해야 할지, 아니면 이대로 그를 놓아주어야 할지 말이다.

이처럼 모든 대상자를 살리지는 못한다는 것을 명심해둬야 한다.

5) 자살 예방기관과 감시단의 비교

자살 예방 기관은 자살 희망자가 다시금 삶에 대한 의욕을 가질 수 있도록 교육을 하거나 고위험군 대상자를 사후 관리를 한다. 반면에 저자는 죽을 날을 정하고 자살을 위한 사전 준비를 한 뒤 결행하려는 사람들이 남긴 흔적을 통해 그들의 상황과 특정 정보를 파악해서 신고한다. 대상자를 신고할 때는 신중해야 한다. 만약 신고했는데 경찰이 헛걸음을 하면 신고인과 출동하는 경찰이 힘들어질 수 있어서이다.

6) 112에 신고 후 사후 확인은 안 하는 게 원칙

신고 이후 결과는 묻지 않는다. 왜냐하면 신고 접수 이후에는 경찰이 대상자를 찾아서 가족에게 인계하거나 필요한 행정조치 등을 하게 되기 때문이다. 이때 그 대상자와 전혀 관계없는 저자는 더 이상 개입하지 않고, 또 해서도 안 된다. 이런 행동은 경찰의 업무에 무단으로 관여하는 것이기 때문이다.

게다가 하루에도 여러 건을 신고하기 때문에 모든 사건을 사후 관리 하는 것은 물리적으로 불가능하다.

7) 신고 후 대상자가 숨진 채 발견되었다면

신고를 했는데 대상자가 숨진 채 발견되었다는 뉴스가 들리거나, 경위를 확인하기 위해서 경찰에서 연락이 올 때가 있다. 그런 경우 대상자가 사망하기 전 마지막으로 대화를 나누거나 자살 암시 글을 목격한 사람은 신고인이 된다. 그래서 신고인도 마음이 편치 않다. 이 활동을 막 시작했을 때는 112에 문자를 보내면서 속상함과 답답함, 괴로움을 담은 글을 적은 적도 있었다.

방금 전까지 대화를 나눈 사람이 죽었다는 소리를 들으면 슬픈 마음이 쉽게 사라지지 않는다. 그렇다고 계속 그 사람만 생각할 수는 없다. 다른 누군가를 살려야 하기 때문이다. 그래서 슬픔은 뒤로하고 또다시 죽으려고 하는 사람을 찾아 나선다.

죽기 직전에 대화한 사람이 죽었을 때, 그렇게 대화한 내용은 마지막으로 남긴 유서와 다를 바 없다. 그리고 그 유서는 본인의 의도와는 달리 유족들에게 남긴 말이 된다.

결과적으로 하늘로 떠난 사람들을 생각하면서 그들이 남긴 흔적을 훑어보면 눈물이 나온다. 감정이 복받칠 때도 있고, 숨이 안 쉬어져서 병원 응급실에 간 적도 여러 번 있다. 그렇게 술 한잔 마시고 집에 오면 눈물을 흘리다가 잠을 자기도 한다. 처음에는 이러한 행동을 반복했다. 살려보려고 노력했는데 살리지 못했을 때 느끼는 허탈함은 이루 말할 수 없을 정도이며, 감정적으로 매우 힘들 수밖에 없다.

그래도 이제는 너무 많은 자살자를 대상으로 활동한지라, 죽음이라는 것이 익숙해져 그나마 괜찮은 편이다.

8) 신고할 때 생기는 애로 사항

처음에는 자살자들을 신고할 때 애로 사항이 많았다. 신고할 때마다 경찰관이 도착할 때까지 신고 장소에서 기다려야만 했고, 고속도로에서 신고했을 때는 휴게소에서 무작정 기다려야만 했다.

신고자는 누구인가

자살 신고는 원칙적 그가 자살을 암시하고 있다는 걸 알고 있는 가족, 친구, 지인 등 주변에 있는 사람들이 해야 한다. 예외가 있다면 우연히 그 글을 목격한 제삼자이다. 제삼자가 신고했을 경우, 대상자와 어떤 관계인지 확인하는 절차가 있다. 또한 신고에 대한 책임도 져야 한다. 그래서 섣불리 자살 암시 글을 신고하지 않고 그냥 지나치는 사람들두 있을 것이다

그리고 신고인의 인적사항, 신고 동기, 대상자와의 관계 등을 물어보고, 감시단이 어떤 곳인지를 물어올 때가 있었다. 이런 질문에 답할 시간에 한 명이라도 더 구조해야 하는데 헛된 시간이 낭비되었다.

솔직히, 신고를 할 때마다 다양한 절차를 거쳐야 하는 것보다 신고 후에 이어지는 사후 절차가 더 힘들었다.

이제는 오랜 기간 동안 감시 활동을 해서 그런지 많은 경찰관이 적극적으로 협조해주고, 신속히 관계기관과 공조해서 처리해주고 있다.

신고할 때마다 나는 많은 생각을 한다.

'정말 죽을 사람인가? 신고는 언제 해야 하나? 지금 해야 하나? 혹시 중도에 자살을 포기한 것은 아닐까?'

이렇듯 실제로 자살을 실행에 옮기는 사람만을 신고하다 보니 정신적으로 힘든 것이 사실이다. 예전에는 신고해서 대상자가 구조되었다는 소식에 기뻐서 술을 한잔하고는 했는데, 이제는 신고하는 과정조차도 힘들어서 술 한잔 마시며 신고를 할 때도 있다. 죽고자 하는 사람들의 심정을 이해하기 때문이 아닌가 생각된다.

뿐만 아니라 내가 신고한 사람이, 나랑 마지막으로 대화한 사람이 숨진 채 발견되었다는 뉴스를 보면 며칠 동안 힘이 빠지고, 그때부터 매일같이 술을 마시기도 한다.

아무래도 자살과 관련된 일을 하다 보니 나도 우울증에 시달리는 듯하며, 그 때문에 술을 마시는 횟수가 늘어났다. 그래서 요즘은 술을 마시는 횟수를 줄이고 이미 죽은 사람을 잊으려는 노력을 한다.

자살은 24시간 언제든 일어날 수 있고, 죽고자 하는 사람이 여러 명일 수 있으므로 한 점의 오차 없이 감시가 이루어져야 한다. 만일에 오차가 생기면 그의 동선을 놓쳐 살릴 수 있는 기회를 잃어버리게 되고, 그가 죽었다는 것을 언론이나 보이지 않던 흔적을 통해 알게 된다.

자살자를 계속 감시하는 중 우선적으로 구조할 대상을 선별해서 신고하다 보니 하루에 몇 명이나 신고할 때도 있고, 신고했음에도 구조에 실패해서 동반한 사람들이 모두 숨진 채 발견될 때도 있다.

9) 자녀가 자해하는 것 같은데, 어떻게 해야 하는가

청소년의 자해에는 두 가지 원인이 있다. 하나는 정신병으로 인한 것이고, 다른 하나는 지금 현재가 힘들고 고통스러워 그것을 이겨내기 위해 신체에 해를 가하는 것이다. 자녀에게 자해를 끊으라는 직접적인 말을 하는 것은 '내가 지금 닥쳐온 고난을 이겨내고자 몸에 해를 가하는 것인데 이것마저 하지 못하게 해?'라는 생각에 부모에 대한 반감만 커지고 자해의 수준이 올라갈 수 있다.

이때 가장 먼저 해야 하는 일은 자녀를 힘들게 하는 일이 무언지를 찾는 것이다. 그렇게 원인을 찾은 뒤에는 해당 원인이 해결해야 한다. 그를 위해선 자녀가 더 이상 자해를 하지 않을 때까지 꾸준하게 소통해야 한다. 이런 과정을 진행해도 자해를 쉽게 멈추지 않는다고 해서 초조해하면 안 된다. 어디까지나 더 위험한 자해를 하는 것을 막거나, 시시히 자해의 횟수를 줄여가야 한다.

자해를 한다고 해서 곧바로 정신병원에 데리고 가기보다는, 먼저 부모로서 최대한의 노력을 한 다음(약 한 달 정도) 정신병원에 찾아가 치료를 하는 것이 바람직하다고 생각한다.

아이들은 자해하지 말라고 하는 것에 더 불만을 갖는다

"자해하지 마!"라는 말은 힘든 것을 "너 혼자 감당하면 되지 왜 남들에게까지 피해를 주느냐?"라고 청소년에게 말하는 것이나 다름없다. 그래서 그런 말을 들은 청소년은 큰 반감을 가지게 되고 더 심한 자해를 하게 된다.

청소년이 자해하는 것을 발견했을 경우, 그것을 이해하고 공감하는 자세가 필요하다. 자해도 자살처럼 아무런 이유 없이 하지 않는다.

이해의 마음
* 얼마나 힘들었으면 이렇게까지 하니.
* 무슨 말 못할 사정이 있길래 너의 몸에 해를 가하면서 표현하니.
* 내가 너에게 소홀히 했구나.
* 너를 위해서 해줄 수 있는 것이 무엇이니.

자해를 하는 건 보호자 때문인가요?

청소년들이 운영하는 자해방의 몇 군데를 감시를 해보았다.
그런데 그들이 자해를 하는 대부분의 원인은 부모와의 갈등 및 이해 부족이었다. 그러면서 "나도 사랑받고 싶은데."라는 말을 한다.
자살도 자해와 마찬가지로 부모의 사랑과 관심이 부족하기 때문이다. 만일 부모님이 계시지 않은 청소년이라면 보호자가 부모님 대신 그 이상의 노력을 해야만 한다.

10) 청소년의 자살 동기를 정리하면

청소년의 자살 동기는 매우 다양하다. 특히 자신의 성격과 주변 환경에 많은 영향을 받는 듯 보인다.

아래는 저자가 청소년들을 구조하며 듣게 된 자살 동기 중 일부이다.

① 부모에게 우울증을 알리지 않은 상태로 혼자 견디다가 힘들어서

생을 포기

② 친구의 가족과 자신의 가족을 비교하고, 다음 생에는 다복한 가 정에서 태어나고자 생을 포기

③ 우울증 등을 치료받으면서 친구들과 어울리기가 어려워지면서 생 긴 대인관계 상의 문제나 불안장애 등으로 인해 생을 포기

④ 부모에게 사랑을 받다가 갑자기 꾸지람을 받자 배신당했다는 생 각에 생을 포기

⑤ 학교 부적응자인데 자퇴를 시켜주지 않아서 생을 포기

⑥ 한 부모 가정에서 자라고 있는 청소년으로, 어머니 혹은 아버지의 짐을 덜어주기 위해서 생을 포기

⑦ 부모의 이혼 후 아버지와 함께 사는데 공부를 못해서 생을 포기

위의 예시처럼 심각한 문제로 자살을 꿈꾸는 청소년은 물론, 어른 이 생각했을 땐 너무 사사로운 이유로 죽으려는 청소년이 있다는 것 을 알 수 있다.

지금까지 자살자를 감시하면서 찾아낸 공통점

* 죽을 날을 미리 정하는데, 결행일 전까지는 아주 자연스럽게 행동한다.
* 부모와의 갈등이 원인이 아닌 사람은 부모에 대한 죄책감 때문인지 자신의 힘든 점을 이야기하지 않고 조용히 떠나기를 원한다.
* 결행일은 보통 특별한 이벤트가 끝난 이후다.
* 부모와의 갈등이 원인인 사람은 부모를 원망하는 글을 자신만의 공간에 적고 삭제하는 것을 반복한다.
* 죽을 장소를 미리 답사하고, 그곳에 있으면 편안함을 느낀다.
* 자해를 하는 사람보다는 자해를 하지 않는 사람의 자살률이 높다.
* 죽음에 대한 두려움을 보이지 않는다.
* 사후세계가 있는지, 환생이 있는 것인지 궁금해한다.
* 죽기 직전에는 초조함, 두려움보다는 편안함을 보인다.
* 죽음을 준비하는 청소년은 주변 정리에 몰입해 한동안 SNS 활동을 하지 않는다.
* 죽기 직전에 가장 친한 친구에게 말한 뒤 떠나는 경우가 많다.

| 마치는 말 |

자살은 주위에 사랑과 관심으로 충분히 막을 수 있다.

우리는 청소년이 생을 마감하면서 남긴 "살고 싶었는데."라는 말과 구조된 아이들이 하는 말인 "어른들이 우리를 죽게 하잖아요."라는 말을 몇 번이고 되새겨야 한다. 사실 어느 누가 죽음을 원하겠는가? 더 이상 기댈 곳이 없어서 마지막 길을 가는 것이지.

자살은 가여운 죽음이라는 생각밖에 안 든다. 혼자서 떠나야만 하는 길이고, 자살하겠다는 결심을 하기까지 얼마나 고민을 했을 것이며, 그 고통은 얼마나 컸을지를 생각하면 마음이 아프다.

우리 사회는 충분히 자살률일 줄일 수 있음에도 불구하고 사회적인 노력이 부족하고, 자녀를 키우고 있는 부모의 관심마저 부족하다. 혹시 내 자녀가 자살의 위험에 노출된 것이 아닌지 한 번쯤은 생각해보아야 한다. 그리고 세상에서 제일 소중한 것이 무언인가를 깨달았으면 한다. 또한 어른들이 이렇게 자살을 결심한 청소년들을 위해 해줘야 할 것, 해줄 수 있는 것이 무언인가도 곰곰이 생각해봐야 한다.

청소년의 자살 문제는 많은 문제를 야기해왔다. 그런데 자살률을 줄이기 위해 아이들에게 삶을 강제하고 있을 뿐이지, 아이들이 삶의 의지를 되찾고 순리적으로 헤쳐나갈 수 있는 기회는 주지 않는 것 같다. 그래서 자살 위기에 있는 청소년을 구조하면서 그들의 목소리를 귀담아들은 것을 책을 통해서 알리게 되었다.

이 책은 여러 교훈을 줄 것으로 생각된다.

첫째, 내 자녀가 자살환경에 노출된 것이 아닌가 하는 생각에 아이들에게 더 많은 사랑과 관심을 보일 계기가 될 것이다.

둘째, 청소년들이 어떠한 이유로 자살을 선택하는지 알 수 있을 것이다.

셋째, 청소년들이 SNS를 통해 어떤 식으로 죽음에 다가가는지 알 수 있는 계기가 것이다.

넷째, 자살자를 구조하기까지 얼마나 많은 시간과 노력이 필요하며, 자살 희망자를 실시간으로 감시를 해야 하는 이유를 알 수 있을 것이다.

마지막으로, 청소년들의 자살은 바로 우리 어른들의 책임이라는 사실을 깨달을 수 있을 것이다.

저자 역시 자살 유가족으로 가족의 죽임 이전과 이후의 삶에 대해 정리한 이야기를 책으로 쓰고 싶다. 특히 이번에는 청소년에 집중하느라 다루지 못했던 성인의 자살 실태를 조명하는 책을 쓰고자 한다. 이때는 성인 자살은 물론 가족 동반 자살의 원인에 대해서도 다뤄볼 생각이다.